何景榮 著

上一堂很有事的印尼學

是隔壁的窮鄰居，還是東協的老大哥？

推薦序

景榮哥就是全台灣最懂印尼的人，沒有之一！

何則文

就在三、四年前，我還是個學生時，開始對東南亞產生興趣，組織了一個社團來研究東南亞。當時我到處查找資料，邀請專家學者來校分享，也在網路上寫寫東南亞相關文章，參加許多東南亞活動，發現網路上的東南亞文章，或者線下活動的各種社群聚會，都一定會聽聞一個大名，那就是「何景榮」。

就是這個時候，讓我開啟了跟景榮哥的「孽緣」，我們不只成為了「忘年之交」，更因為各自對東南亞的一片情深，給很多不明所以的鄉民誤認為是「親兄弟」，因而在文壇有「東南亞大小何」之稱（根本自己亂講？）。但其實我們只是英雄惜英雄，跳蚤配臭蟲，「戚家二少奶奶欣賞我的文采」這種關係如春天花朵上露水的淡淡清香而已。

每當有無知的公眾人物或政治人物講出什麼「北車的外勞讓國家門面不好看」「怎麼瑪麗亞變成我們老師？」這種令人憤慨的荒謬歧視言論，就可以看到老何扛著大砲在前猛轟，小何拿著迫擊砲在側翼支援，有志一同，用文字導正不良邪惡風氣，譴責那些井底之蛙。我倆這沒血緣的「同姓兄弟」，也算是老戰友了，這些年我們一起當了很多新媒體平台的專欄作家，共同參加東南亞說故事比賽，進軍決賽兄弟對決，老何也總是會帶著我拜訪台灣的東南亞新住民媽媽話家常。在這些過程中，因為有老何讓我的視野更加開闊。

欣聞大家的老朋友老何，也是我最摯愛的景榮哥出了這本《上一堂很有事的印尼學：是隔壁的窮鄰居，還是東協的老大哥？》，不禁讓我興奮大叫！終於讓台灣人等到了，一本可以讓我們看見真正印尼的書。

景榮哥不但是深受學生熱愛的幽默熱血老師（我推薦邀請景榮哥的單位，每個都對我讚不絕口），更是極具學識涵養的翩翩君子、學術泰斗（景榮哥可是翻譯跟撰寫過好幾本大學政治學教科書的呢！）這次用接地氣、親民愛台灣、妙筆生輝的筆法深入淺出的介紹印尼，想必每個讀者看完這沉博絕麗的班馬文章，一定能如暮鼓晨鐘般警醒眾人。

你想知道印尼人為什麼名字好多「豆」？而且竟然會把往生者像洋娃娃一樣細心打扮？選舉的時候宗教議題最大？印尼跟馬來西亞也搞兩岸一家親？還有印尼什麼東西最好吃？什麼又是不能碰的地雷？想要全方位了解印尼，就要靠我們正宗台灣人兼正宗印尼人的東南亞扛霸子，台灣歐巴馬何景榮葛格的這本好書，用他自己的每個親身經歷小故事，為我們讀者編織出燦爛的印尼風景畫。

我敢在這裡拍胸脯跟你保證，我們老何如果敢說他是台灣印尼通第二人，絕對沒有人敢說自己是第一人。因為在我心中，景榮哥就是全台最了解印尼的人！沒有之一！看了喜歡，趕緊推薦給老家父老弟兄，讓我們一起愛上印尼！

本文作者為香港國際問題研究所東南亞研究員、《用地圖看懂東南亞經濟》作者。

推薦序

由台灣最適合介紹印尼的人選，帶你探索印尼！

劉仕傑

我跟本書作者何景榮（私下我都稱呼他為何博）在二〇一八年認識，當時我因為參選台北市議員，透過我哥的介紹，何博來我的總部跟我直播。第一次見面，我就被他的無厘頭語言打敗。「這人，是周星馳來著？」我心裡這樣想。

後來我們兩人越來越熟稔。嚴格來說，他要稱呼我為學長，因為二〇一七年年底，他考上外交特考印尼文組，卻在報到受訓的第一天即離職。他如果當時選擇待在外交部，那鐵定要稱呼我一聲學長了。

但我慶幸他沒有來外交部，因為他的個性完全不適合。

景榮是個才華洋溢、鬼靈精怪的人。他博學多聞，善於交際，喜愛插科打諢，講起笑話葷黃不拘，尺度常讓我替他捏把冷汗。這樣的人待在公務體系，太可惜了，也太折磨了。

《上一堂很有事的印尼學：是隔壁的窮鄰居，還是東協的老大哥？》是一本讓人喜出望外的書。書中提到許多台灣人對印尼的誤解或偏見，透過景榮幽默風趣的解說，總讓人有一種「喔！原來是這樣啊！」恍然大悟的感覺。景榮明明就是學霸，他拿著教育部獎學金出國，跑到夏威夷大學拿了博士學位，英文、中文及印尼文流利，正可謂「人生勝利組」，卻在書中將自己設定為「本魯」，用了許多鄉民、阿宅的語言，讓這本書更可讀、更親切。

作為一個外交人員，我常常覺得台灣離東南亞很遙遠。政府雖然推動「新南向政策」，但平心而論，新南向在台灣社會仍然是一個非常抽象的概念。原因很多，其中之一就是對這區域的陌生及不了解。東南亞國家的文化尚未融入、發展成為台灣社會的肌理，目前只看到點綴性的外掛，成為東南亞移工週末的臨時休憩據點，例如台北車站附近的印尼料理小店。

我覺得景榮是全台灣介紹印尼最合適的人選。他通曉印尼文，中文極佳，他鍵盤下的印尼生動活潑，內容不失深度，政治、經濟、社會及文化等面向俱足，筆觸充滿情感。最重要的是，他有著介紹家鄉母國的強烈熱情。

本書的每一個主題都是獨立成篇，閱讀起來沒有負擔。〈哪位敬水的穆斯林，上廁所不弄濕？〉中，描寫了印尼人重視衛生，以及用水潔淨身體，令人拍案叫絕；〈過去獨步全球之印尼奇景：玩命關頭之火車衝浪手〉寫得生動有趣；從〈印尼、新加坡、馬來西亞，三方牽扯不斷的關係？〉看得出，景榮的國際政經知識底蘊扎實雄厚；〈給人面子、才能賺到裡子：從印尼移工輸出看新南向政策〉點出我國新南向政策的盲點；〈選人又選黨、海內又海外的印尼選舉戳戳樂〉談及華人鍾萬學的選舉起落，以及台灣將鍾放在華人參與印尼政治的錯誤脈絡更是一針見血。總之，篇篇精采。

我誠摯推薦這本書給所有想要了解印尼，以及東南亞國家的朋友。台灣社會需要更多這樣的書籍，以及更多像景榮這樣的人，才能夠離「新南向」越來越近。台灣離東南亞其實地理位置不遠，但過去因為國際政治的因素，台灣社會對於東南亞一直存在一種隱隱抗拒的心態，這樣的心態轉化為歧視，讓台灣社會一再發生歧視東南亞移工或新住民的憾事。我們要如何將東南亞文化融入台灣社會，讓台灣社會更加多元，是一個嚴肅的思考課題。也許，這本書可以提供一些線索。

本文作者為職業外交官，
著有《我在外交部上班》。
臉書：護台胖犬 劉仕傑

推薦序

從優秀新二代幽默風趣的文字，上一堂輕鬆容易入門的印尼學！

Nina

閱讀作者景榮的書稿，緩緩地品味他幽默風趣、觀察細膩的文筆，敘述印尼的那些事。還記得我在二〇〇九年第一次踏入印尼，抵達機場後一路經過雅加達，再到勿加泗的情景與複雜的心情，一晃眼竟然已經在印尼生活了好多年。因為文化的差異和當時的不便利，剛到印尼的時候，我每天都想發脾氣，覺得天氣熱、沒效率、不準時、不方便等，每一天都覺得生活在印尼，自己的耐性和體力都被快速地消耗，腦中盡是一堆負面情緒和想法。那個時候，印尼的資訊，無論是網路，還是書籍都相當稀少，除了峇里島的旅行、美食資訊，幾乎找不到關於雅加達和其他城市的介紹。某一天突然

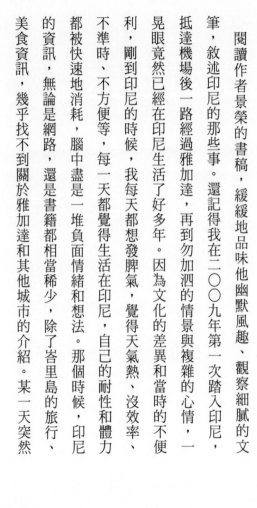

一個轉念，我覺得既然來到這裡，何不好好擁抱它？於是我決定積極學習當地的語言和融入在地文化，開啟了與當地人一樣樂觀的印尼生活。

閱讀書稿的同時，彷彿把自己又拉回那個初到印尼，對當地不斷感到驚訝的ＯＳ心情，一路到現在享受印尼生活的熟悉感，我跟著這本書，又生動地複習了一次。印尼和台灣的文化哪裡大不同？雅加達遭恐怖分子攻擊的事件、宗教如何影響選舉、數位經濟高速發展等重大事件，作者於書裡每一個章節裡都有細膩、詳盡的說明。

在第一部分「印尼的不可思議，讓你目瞪口呆」裡，作者提到印尼穆斯林對生和死的想法，是順應自然，聽從上天（阿拉）的安排，面對死亡並沒有那麼害怕。生活在印尼多年的我，常聽到員工因家人或鄰居過世急需請假回家的消息。印尼穆斯林的葬禮講求簡單快速，死後的二十四小時內土葬，家屬、朋友面對離世的人，不宜有過度誇張的悲傷情緒，灑脫且淡然，點出和我們華人社會對死亡的想法差異甚大。

書中也談到印尼的政治選舉制度與台灣的不同，像是二〇一九年印尼總統大選，海外居民即使無法回到印尼，仍享有公民的投票權；也說明了印尼政治體制從早期蘇哈托的集權政治，走到如今的高度民主化，其民主政治進步程度已超乎我們的想像。

此外，宗教傾向如何影響選舉結果，書中以前任印尼雅加達首都特區的省長鍾萬學因敏感的宗教議題言論，被判刑入獄兩年，結束極被看好的政治生涯一例，點出宗教在印尼有不可侵犯、挑戰的地位。在台灣有許多人信仰宗教，但也有不少無神論者，多數台灣人僅僅將宗教視為部分的心靈寄託，祈求平安健康和好運氣。但反觀印尼穆斯林，從頻繁虔誠的朝拜，到齋戒月嚴守教義禁食禁欲，宗教落實在印尼人民每一天的生活裡，無神論者還會被視為異類。

翻到書裡提及的早期火車特色〈過去獨步全球之印尼奇景：玩命關頭之火車衝浪手〉，再到〈新創產業的對陣廝殺不遑多讓〉中，提到現今共享經濟發達的奇景，我也深有所感。

文中描述到幾年前，火車頂上坐滿不怕死的衝浪手，火車行進間車頂上的乘客一不小心就可能掉落，當時剛來到印尼的我，見到那危險的畫面也震驚不已。現任印尼總統佐科威於二〇一四年當選之前，當地的交通建設可說是慘不忍睹，軟、硬體都相當落後。道路狀況不好、首都雅加達沒有捷運，計程車也非常難叫。路上常見的交通工具，多為只有當地人能看懂路線的共乘廂型小巴（*angkot*），或是容易被漫天喊價的摩托計程車（*O-jek*）。如此不友善的交通狀況，在二〇一四年佐科威當上印尼總統後，有了大幅度的躍進，從火車改善、雅加達捷運完工。到新創產業公司Go-jek的快速發展，讓外國人靠著一支手機也能獨自前往許多印尼的城市。書裡對印尼交通的過去景象，到如今數位經濟的快速發展，如何為印尼人的日常生活帶來便利，都有不少精闢的解釋。

書後半的篇章〈超推美食vs.地雷菜單〉，作者不但為讀者介紹了經典必嚐的道地美食，像是聞名世界的炒飯、巴東菜和口味上的嗜甜嗜辣，更風趣、貼心地指出幾項不必要的地雷菜色，深為讀者著想。

未曾到過印尼的朋友，如果你對印尼還僅存有落後、貧窮或教育水平低落等較負面的印象，不妨趕緊打開這本書。上完這堂印尼學，或許你會發現過往的誤會或想像落差，都這堂課裡得到了解答！

本文作者為印尼文化人氣部落客，有多年在印尼生活和工作的經驗，網路累積了近三百篇與印尼相關的文章。長期分享印尼的文化、電商、展覽、娛樂和印尼文學習，亦為政府單位和民間企業配合的顧問和講師。
「印尼生活不NG」FB粉專：www.facebook.com/nina.lifeindo
部落格：nina1224.pixnet.net/blog

各界名人齊聲歡笑推薦

「什麼，你還以為印尼只有移工？身為台灣人，怎麼能不了解我們強大的鄰居印尼呢？選舉看宗教？名字都有蘇？印尼也有鄭和？快來聽聽最幽默的麻辣頂尖教授、十大傑出青年景榮哥，用他精彩的生命里程，跟我們分享真正真實在地的印尼故事！」

——何則文，「亞細安研究會」創辦人、《用地圖看懂東南亞經濟》作者

「景榮用輕鬆而親切的方式，不只為讀者補上了一堂印尼課，更讓我們看見台灣與印尼的各種互動關係。台灣走向未來，需要更多像他這樣的新住民第二代，為我們培養向南的視野，養成對於東南亞的尊重與理解。」

——涂豐恩，「故事」網站創辦人

「作者用幽默詼諧的筆觸，為大家揭開印尼神祕的面紗。閱讀的過程中，不僅可以了解印尼，也看到新住民二代的觀點。」

——王麗蘭，台灣大學印尼語講師

「透過何景榮博士在印尼獨特的台印二代角色及體驗，從俏皮的文字中，窺見不一樣的印尼，見證崛起的東協大國！」

——李三財，就諦學堂創辦人、國立台北商業大學東協研究中心執行長

「不管是選舉、新創產業，或者媲美大甲媽的遶境、洗手間的『田野』調查，生動有趣、『嘴』之有物，絕對是你認識印尼的第一本書。」

——藍士博，獨立研究者

「印尼是近鄰東協大國，但我們知之甚少。何景榮教授生花妙筆，讓印尼大小事躍然紙上，篇篇妙語如珠，卻帶有深厚的政經歷史，讀來輕鬆有趣，卻也真的『很有事』！」

——林文斌，文藻外語大學東南亞學系、碩士班副教授兼主任

「印尼，這個赤道旁的『萬島之國』，透過作者融合地氣的筆觸，讓讀者可以更了解印尼的歷史脈絡與多元文化。」

——孫友聯，台灣勞工陣線秘書長

「台印混血兒以非西方、非觀光客的觀點，從日常生活出發，介紹當代印尼的政治、社會、文化與經濟，好笑又能長知識。」

——李晏甄，金鼎獎圖書編輯獎得主

序

靠印尼脫魯的台灣囝仔

在峇里島燦爛的陽光下，一位美麗動人、熱情如火的印尼正妹，與一位在國營事業上班，刻苦耐勞、腳踏實地的台灣阿宅，許下了刻骨銘心的三生之約。兩個熱情、善良，為了愛情而義無反顧的年輕人，不顧外界的異樣眼光，懷抱著共同的夢想，回到台北組成了他們的小家庭。五年之後，兩人的愛情結晶帶著遺傳自父母的熱情與決心，來到了這個美麗的世界。夫妻倆替孩子取的印尼名Kimyung，其實就是中文名「景榮」的諧音；「景」就是「大」，「榮」就是「財富」，希望這個孩子長大後賺大錢、發大財。

果然，這個孩子沒有辜負父母當年的期望！靠著一天到晚在報紙、雜誌與網路上寫文章、拍影片，這個精通中文、印尼文與英文的孩子，最終成為台灣最著名的三語嘴砲王，還讓你掏錢買了手中的這本書，繼續朝著「嘴出去，錢進

來，景榮發大財」的目標邁進。

或許是因為小小景榮的祖父早逝，祖母又在我出生不久後得了老人癡呆症，因此我媽不會像其他在台灣的新住民姊妹那樣，被公婆阻止跟孩子講母語，面臨夫家「別跟我的金孫說番仔話！」那樣的窘境。然而，有著語言障礙與文化隔閡的跨國婚姻，畢竟不像王子與公主那般「有錢能『忠誠』眷屬」的浪漫童話。從我有印象開始，我爸媽就常因為意見不合與文化隔閡而吵架；每當我媽因中文不好吵輸了，就會把我抓到旁邊，用印尼文繼續數落我爸（欺負我爸不懂印尼文）……久而久之，我便也會講印尼話了！於是，每當我爸媽又吵架時，我媽就會拉我去「助拳」，用中、印雙語夾雜的方式圍攻、吐槽我爸。久而久之，我爸發現他雙拳不敵四手、單語吵不贏兩張印尼嘴之後，只好決定不跟我媽吵架、乖乖聽老婆的話；從此以後，我們家就過著幸福快樂的日子……（咦？）

我既然學會了印尼文，我跟我媽的惡行開始變本加厲……母子倆常常在台灣的公共場合，用印尼文批評身旁的路人，享受他人聽著我們嘰嘰喳喳、卻又一頭霧水的那種成就感。不過除了罵人「笨蛋」「醜八怪」之外，我媽偶爾也會教我一些正面的印尼文單字、講一些她小時候記憶中的印尼雅加達。這些都讓我放暑假期間，跟著媽媽回印尼探親時，能夠跟一大堆的舅舅、阿姨、表哥、表姊、表弟、表妹等等，用印尼話聊上幾句，維持彼此間的感情。至於跟老媽印尼那邊的親戚朋友維持感情，能夠替我這個台灣宅男帶來什麼好處，各位看看本書當中的章節，便見分曉。

台灣的宅男大多很會念書，像我這樣會講印尼話的，也不例外！高中、大學、研究所，我在台灣很順利地一路念上去，卻也少了回印尼省親的時間。一直到了念研究所，準備寫碩士論文時，台灣爆發了SARS；怕死如我，決定到炎熱、SARS病毒無法生存的印尼去避避風頭。沒想到這次回到久違的第二故鄉印尼，不但親戚朋友對我投注異樣、欽慕的眼光，滿街的印尼正妹知道我從台灣來，各個恨不得馬上對我以身相許！原來那時候台灣偶像劇《流星花園》創下了印尼建國以來「電視節目最高收視率」的佳績，風靡了印尼全國各地的男女老幼。無怪乎每個印尼人看到我，都瘋狂地對我喊著「Dao Min Se! Dao Min

Se!」（道明寺；《流星花園》男主角的名字，由言承旭飾演）。一個台灣宅男、網路鄉民，到了印尼竟然擺脫了魯蛇身分，成為眾人注目、萬人空巷的偶像道明寺！之所以如此的原因，除了我本人跟言承旭、潘瑋柏、周湯豪等各年代的台灣偶像藝人長相神似（見下圖）之外，台灣文化當時在印尼的風行，也是主因。

「就憑你？一臉台客樣！何景榮你到底哪來的自信啊？」好了！我先幫你把想罵的話給罵出來。沒錯，我就是台客，但是在當時的印尼，「台客樣」正是潮到出水的票房保證，這在本書後面的章節，例如〈台印一家親〉也會敘述。何況我雖然長得帥，但是不只靠臉吃飯。我對台灣與印尼的雙邊關係，也實際貢獻了不少。例如，當我成為「印尼道明寺」之後沒多久，印尼遭遇南亞大海嘯的侵襲，總計死亡人數超過二十萬人。由於台灣當時欠缺同時

我當年被吹捧為「印尼道明寺」的各種帥照。

通曉中文、英文與印尼文，同時受過高等教育，又擁有印尼當地人脈的人才，因此我被政府單位請出茅廬，前往印尼海嘯災區進行災後教育重建的工作。又例如之後我在美國就讀博士班期間，還善用我出身新住民家庭的多語優勢，配合美國海巡署與中華民國駐美外館，出海營救受困於美國領海、我國籍漁船上的多位印尼漁工。看到了我的種種善行義舉，相信你此時腦海中，不禁也浮現出先總統蔣公等等的一代偉人，從小看著魚兒逆流而上，決定奮發向上、終至*menjadi orang*（印尼語「出人頭地」之意）的畫面。

然而，我想的並不只是我何景榮有多偉大，而是，印尼明明是世界第四大國，也是全世界穆斯林人口最多的國家，台灣到印尼的距離並不遠，兩國的各種互動也頗為頻繁，更何況印尼人對台灣的印象還挺不錯的！為什麼台灣人對印尼的了解這麼少？為何台灣的網路鄉民講到印尼的時候，也是

我在美國留學時，配合美國海巡署與中華民國駐美外館，出海營救我國籍漁船上的印尼漁工。

當年我遠赴南亞大海嘯的災區，協助災後重建工作。

很多的嘴砲與更多的誤解（雖然我也是愛嘴砲的鄉民）？又為何我們台灣，這麼欠缺能夠深入了解印尼，讓印尼與台灣之間的關係變得更加緊密的學者與專家？所謂「天將降大任於斯人也」，或許台灣與印尼的愛情結晶何景榮，該寫一些東西，讓大家看到印尼這個國家的真實面貌。

於是，當我靠著研究印尼等東南亞國家在台灣的新住民第二代，而在美國拿到博士學位，並且靠著關懷印尼等東南亞國家在台的移工與新移民，而獲選為第五十四屆「中華民國十大傑出青年」之後，我就開始著手撰寫這本書。當時正好政府開始推動「新南向政策」，台灣各種以東南亞國家為主題的文章、演講與研討會蜂擁而出。雖然其中不乏優秀的專業意見，但外行充內行，只為了謀取政府預算而胡說八道的也不少。譬如我就聽過學校老師在演講時，告訴聽眾「像印尼這個東南亞國家，日常生活中都是講英文，所以你們南向找工作之前，可以跟我把英文學好」，嚇得我差點回家拷問我媽：「印尼人明明都講英文，妳這個印尼人為什麼要跟我講印尼話？妳是不是拿火星話假裝成印尼話騙我？」

除此之外，還有很多對於印尼的誤解與迷思。例如，很多人動不動就覺得印尼現在還很排華：「華人是不是很容易被搶、被虐待、甚至被殺掉？」如果你用上個世紀部分印尼人歧視華人的行為，來推論今天的印尼很排華，那難道你也要用上個世紀希特勒與納粹黨迫害猶太人，來推論今天的德國還在歧視猶太人？像這種昧於當前事實的謬論，我只要求他們多看看電視，尤其是看看印尼人看什麼電視。印尼如果還在排華，那今天的印尼，還會有這麼多人崇拜《流星花園》的F4，或是中港台等地，諸如謝霆鋒、周杰倫、黃曉明，乃至何景榮等等的帥哥偶像嗎？

在台灣，像我這種跨國婚姻下誕生的新住民第二代，已經不計其數，所以這樣的家庭背景也算不上獨特。不過也是因為這樣的背景，讓我這個儲值了滿滿台灣價值的台灣囝仔，覺得有一個印尼媽媽，自己會講媽媽的母語、了解媽媽的母國文化，是很幸福的一件事。過去，靠著我媽媽的祖國印尼，我達成了些許職涯、學術與社會服務上的成就。現在，我將這本書獻給我的媽媽，並且希望透過這本書，跟大家分享我的小小成就，以及身為印尼人的孩子所得到的幸福。

印尼地圖

INDONESIA MAP

長知識了～

原來「萬國之島」印尼長這樣！！！

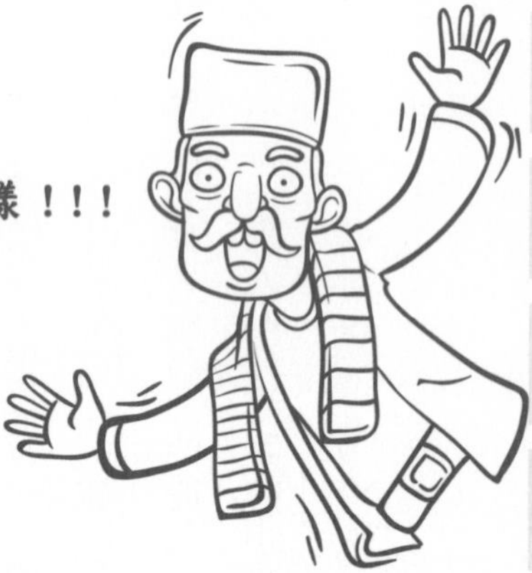

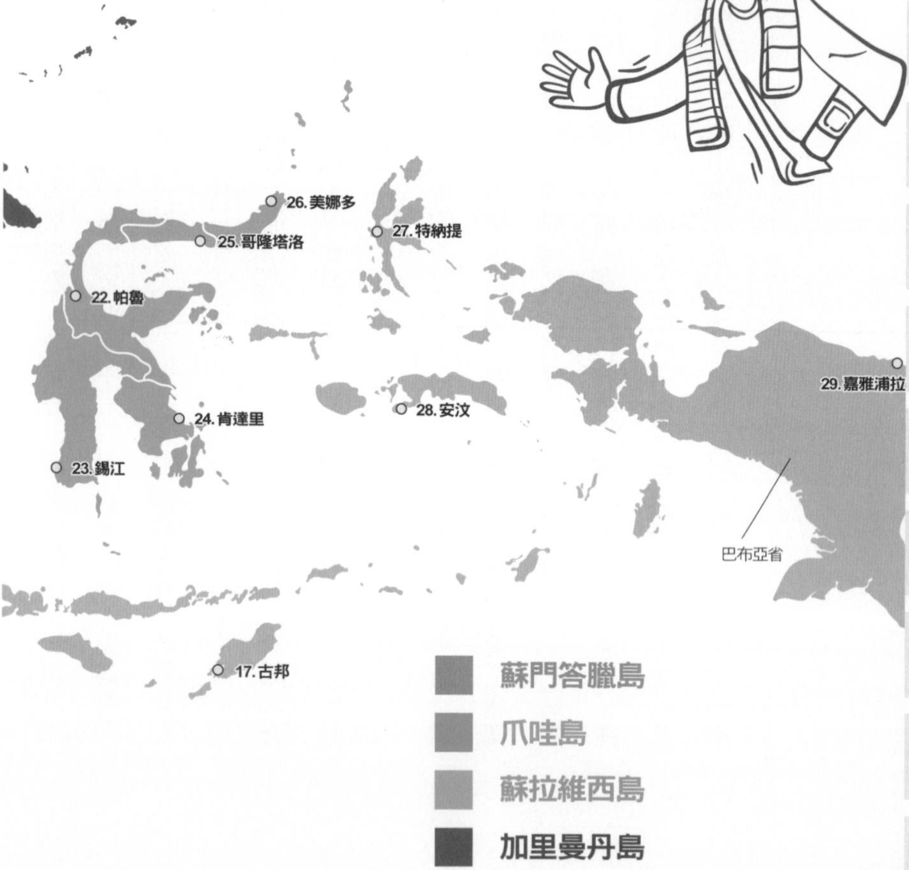

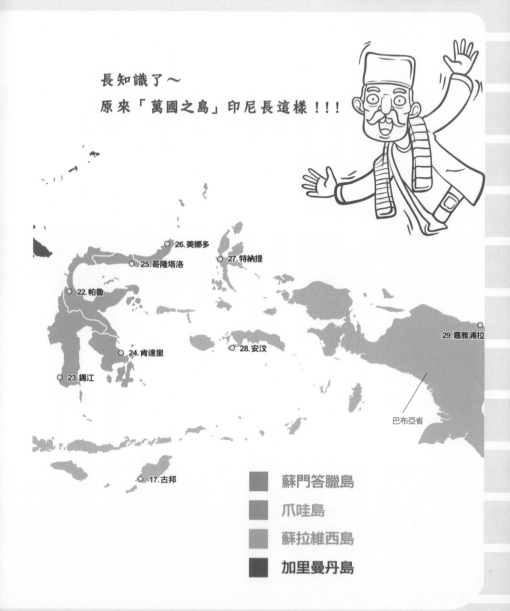

1. 班達亞齊
亞齊特別行政區
2. 棉蘭
5. 北干巴魯
3. 巴東
6. 占碑
9. 濱港
7. 巨港
4. 本庫魯
8. 班達楠榜
10. 雅加達
11. 萬隆
13. 三寶瓏
14. 泗水
12. 日惹
梭羅
16. 馬塔蘭
15. 登帕薩
峇里島
20. 坤甸
21. 沙馬林達
19. 帕朗卡拉亞
18. 馬辰

城市得來速

1.班達亞齊（Banda Aceh）。印尼最西邊的省分「亞齊特別行政區」的首府兼最大城市。

2.棉蘭（Medan）。北蘇門答臘省的省會，同時也是蘇門答臘島（Sumatera）上最大的城市。棉蘭的特徵在於華人很多，以及當地的原住民族巴塔克人（Batak）有一半左右信仰基督教，因此是一個穆斯林、基督徒、華裔三足鼎立的城市。至於北蘇門答臘省的位置，則位在亞齊特別行政區的東南方。

3.巴東（Padang）位於西蘇門答臘省。最大特色在於此地的最大族群，是信仰伊斯蘭教非常虔誠的米南加保族（Minangkabau）。這是除了印尼亞齊特區之外，伊斯蘭教信仰最虔誠的地方。米南加保人很會念書，很愛向外闖蕩（*merantau*）、打天下，跟爪哇人謙卑內斂、逆來順受的民風大不相同。

4.本庫魯（Bengkulu）。位於蘇門答臘島西南邊的省分，首府名稱同省分名稱。

5.北干巴魯（Pekanbaru）。位在蘇門答臘島中部，是「廖（Riau）省」的首府兼最大城市。請注意：廖省與廖島（Kepulauan Riau）省不一樣。有些翻譯會把位在蘇門答臘大島上的廖省，翻譯為廖內省，來與廖島省做出區隔。

6.占碑（Jambi）。蘇門答臘島中部的一省，省會也叫Jambi。

7.巨港（Palembang）。南蘇門答臘省的首府兼最大城市。

8.班達楠榜（Bandar Lampung）楠榜（Lampung）省的首府，位於蘇門答臘島的南端。

9.濱港（Pangkalpinang）。邦加—勿里洞省的首府（這個省是由邦加島與勿里洞島合組而成，濱港位在邦加島）。邦加—勿里洞省位在南蘇門答臘省的東邊外海。

10.雅加達（DKI Jakarta）。前面的DKI是Daerah Khusus Ibukota為是中文「首都特別區」的縮寫。雅加達特區是省級行政區，下轄「東南西北中」，共五個雅加達市。雅加達首都特別區位在爪哇島西部；西邊是萬登省，東邊與南邊是西爪哇省。

11.萬隆（Bandung）。西爪哇省的首府，同時也是印尼第三或第四大都市。

12.日惹（Yogyakarta），簡稱Jogja。可以指省級行政區的日惹特區（D I Yogyakarta），也可以指該省區的核心都市日惹市。日惹特區位在爪哇島中部偏南，北邊是中爪哇省，南邊鄰印度洋。日惹是印尼的古都，也是僅次於峇里島的第二大觀光聖地。

13.三寶瓏（Semarang）。印尼中爪哇省的首府，位在日惹特區以北。

14.泗水（Surabaya）。東爪哇省首府，印尼第二大都市，位於爪哇島東部偏北。

15.登帕薩（Denpasar）。峇里島（Bali）省的首府，位在島的東南邊。Denpasar（DPS）也是峇里島國際機場所用的代號。峇里島在爪哇島的東邊。

16.馬塔蘭（Mataram）。位在觀光勝地龍目島（Lombok）西部（龍目島在峇里島東邊隔海），是西努沙登加拉省的首府。爪哇島以東的那一大串群島，一直到最東邊的獨立國家東帝汶（Timor Leste）為止，統稱「努沙登加

何老師速說地圖，讓你秒懂印尼幾大都市

拉」（Nusa Tenggara）。行政區劃分上，分為西、東努沙登加拉兩個省分。

17. **古邦（Kupang）**。位於帝汶（Timor）島西南部的城市（島的東北部分是獨立國家東帝汶），是東努沙登加拉省的首府。

18. **馬辰（Banjarmasin）**。南加里曼丹省的首府，位在該省的西南邊，而該省則位在加里曼丹（Kalimantan，婆羅洲）島的東南邊。

19. **帕朗卡拉亞（Parangka Raya）**。中加里曼丹省的首府，位在該省的中心位置。該省則位在加里曼丹島的南邊，東鄰東加里曼丹省與南加里曼丹省，西鄰西加里曼丹省。

20. **坤甸（Pontianak）**是西加里曼丹省的首府與最大城市。該城市人口有三成為客家華裔。

21. **沙馬林達（Samarinda）**。東加里曼丹省的首府兼最大城市。

22. **帕魯（Palu）**是中蘇拉維西省的首府。蘇拉維西（Sulawesi）就是那個很像「斤」字型的大島，在加里曼丹島東邊。

23. **錫江（Makassar）**。這個城市在一九七一年到一九九九年間的名字是Ujung Pandang，當地華人有時也將其譯為「望加錫」。這個城市是南蘇拉維西省的首府，也是東印尼（除了爪哇島與蘇門答臘島以外的其他各島）最大的城市，總排名應該是印尼第五大城市。

24. **肯達里（Kendari）**。東南蘇拉維西省的首府與最大城市。

25. **哥隆塔洛（Gorontalo）**。可以指哥隆塔洛省的首府哥隆塔洛市，也可以指世居在這個地方的哥隆塔洛族。這個省區位在蘇拉維西島的北方，東邊是北蘇拉維西省，西邊是中蘇拉維西省。

26. **美娜多（Manado）**。老一輩的當地華人也會翻譯為「萬鴉佬」。是北蘇拉維西省的首府兼最大城市，位在這個省的東北端。當地居民多為基督徒。

27. **特納提（Ternate）**是北馬魯古省的最大城市，但是已經不是首府了。一九九九年，北馬魯古從馬魯古省劃出來，獨立建省。北馬魯古省的各島加上馬魯古省的各島，合稱馬魯古群島。英文稱作摩鹿加群島（Moluccas），也就是歷史上有名的香料群島。

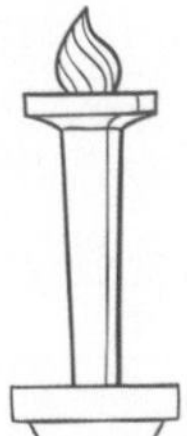

28. **安汶（Ambon）**是馬魯古省的省會兼最大城市。這個詞也可以指該城市所在的島嶼，同時亦指世居此島上的民族。安汶人是南島民族（Austronesian）與西邊巴布亞島（Papua）上的美拉尼西亞人（Melanesians）的混種，膚色偏黑，有黑人的人種特徵，多數信仰基督教。

29. **嘉雅浦拉（Jayapura）**是巴布亞省的首府與最大的城市。巴布亞省是印尼最東邊的省分，也是占地面積最大的省分。

目次
CONTENTS

PART 04

印尼知多少？不說你不知道

編按：內文斜體字表示印尼文，專有名詞英文以非斜體表示。

PART 01

印尼的不可思議，讓你目瞪口呆

INDONESIA

01

唉唉呦呦，女I男O的印尼姓名學

話說我有一個跟我同年生的表哥，叫做Sutirto。他的印尼文名字的中文發音，類似「蘇迪爾豆」，就姑且稱他為「豆豆」好了。

豆豆哥當年胸無大志，在校成績得過且過，大學畢業後找不到工作，整天在家遊手好閒。豆豆哥的老爸（我舅舅）看不下去，就勸他：「你這樣整天混吃等死下去，也沒什麼意義，乾脆跟旅行團到美國，然後『跳機』（就是脫團後，在當地逾期居留），找個美國工作來做做！養活自己，順便賺幾個錢給你老爸花花！」

豆豆哥想想也是，然後就搭上飛機到了美國，留在加州，開始打工。存了幾年錢之後，開始跟著伊朗裔的公司同仁合夥做生意；沒想到天公疼憨人，豆豆哥的零食批發事業，正好遇到了美國西岸流行亞洲食品的風潮，讓我這個原本胸無大志的表哥，在短短的十年內迅速累積財富，賺到了不少的錢，也買了名車和豪宅，還將原本在印尼的女朋友娶到美國來，從此脫離魯蛇身分，晉升人生勝利組！

然而本篇文章的重點，並不在於豆豆先生「貨出去、人進來，美國發大財」的傳奇故事。我要切入重點了，那就是我家豆豆哥成為人生勝利組後，平日最大的嗜好，還是窩在家裡上網購物。有一天，我到了豆豆哥家裡，看到他在亞馬遜網站上買的商品，剛剛寄到了家裡，郵包封面寫的收件人是「Sutirto, FNU」。

「豆哥，你什麼時候取了一個這麼『潮』（*keren*）的別名？」我問。

「什麼別名？我沒有再取名字啊！」豆豆哥一邊整理他新購入的賓士AMG轎跑車，一邊滿臉疑惑地看著我。

「就是那個FNU啊！還是你跟SBY一樣，取一個方便大家記憶的綽號，要準備回印尼選總統了？」二〇〇四至二〇一四年擔任印尼總統的蘇西洛．龐邦．尤多約諾（Susilo Bambang Yudhoyono）因為名字太長，所以分別以三個名字的字母字首，取了一個SBY的綽號，幫助選民記得他的名字。當然，我知道豆豆表哥還在美國的法院打官司、爭取居留美國的合法身分，暫時不能離開美國回印尼，所以上述只是玩笑話。

「你想太多了！」豆豆哥回答。「你也知道，我們印尼人，特別是爪哇人（*orang Jawa*）很多都沒有姓氏（*nama marga*）的概念。像我這樣，姓名合起來只有Sutirto一個字的人，在美國就會挺麻煩的。」

「啊？這有什麼麻煩的？」我從小使用台灣人的姓名長大，還聽不出表哥的難處。

「在美國這邊，申請各種證件，或是使用信用卡購物，都要填寫姓氏（last name）與名字（first name）兩個欄位。像我這樣姓名只有Sutirto一個字的印尼人，前面的姓氏填了Sutirto，後面的『名字』就不知道填什麼，只好空下來。」

「啊!?所以，如果你名字那欄空著，那這些購物網站不就會打電話來，問你是不是漏寫資訊？」我問。

「會啊！每次我接到電話，都要跟美國人解釋好久。我又不想把我的名字連續寫兩次，那就不是我的名字了！」我腦海中立馬浮現「Sutirto-Sutirto」這樣的名字，聽起來雖然有點潮，但是仔細想想，我也不喜歡被人叫做「何景榮何景榮」，聽起來很扭捏。

豆豆哥無奈地繼續說：「因為在美國的網站上交易，填寫信用卡資訊時，姓氏那一欄一定要先寫，所以我都會將Sutirto填到『姓氏』那一欄。至於名字嘛……到後來，我都直接跟對方嗆『我就是沒有名字，謀哩喜悲安納』（不然你想怎樣）！」我們家豆哥真是霸氣外漏啊！

「到後來，美國人沒有辦法，只好在我名字的那個欄位，填入FNU，也就是『名字不知道』（First Name Unknown）的縮寫。」

原來如此！原本我以為很潮的FNU，竟然是美國人被印尼人打敗、沒有辦法之下的妥協方案！看來，美國人如果硬要用自己的命名規則，套用到印尼人身上，確實容易鬧出不少笑話。

但是同樣的道理，台灣人有時也會用華人社會的命名邏輯，硬套到印尼人身上，而發生不少錯誤的解讀。舉例而言，很多印尼爪哇人的名字，都以「蘇」（Su-）開頭，包括印尼國父蘇卡諾（Sukarno）、在位最久的總統蘇哈托（Suharto），還有本文的主角表哥蘇迪爾豆（Sutirto）。久而久之，台灣人就產生了這樣的刻板印象，覺得：「怎麼印尼人每一個都姓蘇？」「印尼好多蘇先生、蘇小姐喔！」就像台灣人覺得每個越南人都姓「阮」（Nguyen）那樣（事實上，越南只有不到四〇%的人姓阮）！其實，如果要真正了解這些蘇先生、蘇小姐的名字從何而來，就要從爪哇文的歷史開始說起。

身為印尼的最大族群，爪哇人所使用的語言爪哇文（*Basa Jawa*），不但有著上千年的歷史，還受到更古老的古印度梵文（*Sansekerta*）所影響；而「蘇XX」（Su-）這樣的字首，在梵文／爪哇文裡面，就是「最」的意思。例

印尼在位最久的總統蘇哈托。©State Secretariat of the Republic of Indonesia

如，印尼國父蘇卡諾的「卡諾」（karno），就是「善良」的意思，所以蘇卡諾這個名字代表「最善良」。又例如印尼在位最久的總統蘇哈托，「哈托」（harto）意思是「財富」，因此蘇哈托的名字意味著「最有錢」，有點像華人社會裡「招財」「來富」這類名字的意味。咦？原來蘇哈托總統的名字，意思跟臉書上鼎鼎大名的「財哥專業檳榔攤」差不多（腦補中）。

從這些印尼男人的名字裡，還可以發現一個有趣的現象，那就是爪哇男生的名字很多是以「O」結尾，例如本文提到的三個男人：蘇卡諾（Sukarno）、蘇哈托（Suharto）、我表哥蘇迪爾豆（Sutirto），又或者是印尼總統蘇西洛（Susilo）·龐邦·尤多約諾（Yudhoyono）等。至於爪哇女生，很多名字則是以「I」結尾，包括雅蒂（Yati）、娃蒂（Wati）、蘇芭蒂（Suparti），或是跟華人演藝圈著名紅星撞名的「熙娣」（Siti）等等，都是印尼爪哇女生常見的「菜市場名」。

到了近代的印尼父母，如果怕孩子跟別人的名字強碰，大概會採取以下幾種方式來命名。首先，就是不再使用單一名字，而是使用「複名」，也就是同時放上很多名字。例如前面提到的前總統SBY，就同時有「蘇西洛」「龐邦」與「尤多約諾」這三個名字（注意！這三個都是名字，而不是華人觀念裡的姓氏）。又例如，印尼歷史上唯一一位女總統「梅嘉娃蒂」（Megawati，又是一個「I」結尾的女生名字），成年之後在原本的名字後面，再加上了「蘇卡諾普特麗」（Sukarnoputri，意思為「蘇卡諾女兒」）這個名字，一方面方便與其他人的菜市場名區隔，另一方面又凸顯她身為「國父女兒」的這項傲人政治資本，幫助她最終榮登總統大位。

另一種方式，則是捨棄傳統的爪哇名，直接採用西化的名字，例如男生常用的羅伯特（Robert）、強尼（Johnny）、艾德溫（Edwin），女生常見的黛西（Desy）、溫蒂（Wendy）、娜塔莉（Natalie）等等。這在基督徒或華裔的印尼家庭裡，尤其常見。然而，有些印尼家長或許很希望幫孩子取個很潮、很西化的名字，就會把自己所懂的英文單字，一股腦兒全用上了！例如有一位印尼國會議員（*anggota DPR*）的名字，就叫做「快樂骨頭」（Happy Bone），似乎骨子裡就是個帶給民眾快樂的嗨咖！相信不少選民在選票上看到他的名字，都會印象深刻，進而投下了神聖且快樂的一票！

既然印尼的基督徒很多會取較為西化的名字，那信仰伊斯蘭教的穆斯林呢？沒錯！你猜對了！很多信仰虔誠的穆斯林家庭，就會替孩子取阿拉伯式的名字，例如阿瑪德（Ahmad）、尤素夫（Yusuf）、伊布拉欣（Ibrahim）等等。值得注意的是，很多穆斯林男性會在名字後方，加上「賓」（bin，意思近於英文裡的「of」）這個字之後，再冠上父親或祖父、曾祖父的名字；例如一位穆斯林如果叫做「尤素夫・賓・阿瑪特」（Yusuf bin Ahmad），意思其實就是「尤素夫：阿瑪特之子／之孫」的意思。換言之，台灣的記者將涉及九一一恐怖攻擊的Osama bin Laden（奧薩瑪：拉登之子孫），

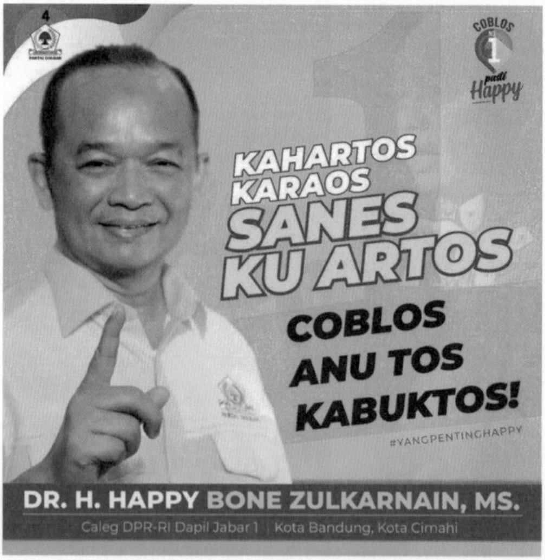

印尼國會議員 Happy Bone 先生，文宣出自本人IG：www.instagram.com/happybonezulkarnain/。

翻譯成「賓拉登」，就是很明顯不明瞭命名文化脈絡、只用音譯的結果。搞恐怖活動的是奧薩瑪，不是他身為億萬富翁的商人父親，更與他叫做拉登的曾祖父毫無關係！

其實，稱呼印尼人的方式很簡單，如果是男生，就在前面加一個*Pak*（先生），女生在前面加一個*Bu*（女士），再稱呼對方的名字；例如男生羅伯特就稱呼為*Pak* Robert（羅伯特先生），女生黛西就稱呼為*Bu* Desy（黛西女士）。另外，如果對方名字前面有「蘇XX」這個字首，通常會把蘇拿掉，再加上先生或女士的稱號；例如前面提到的蘇芭蒂（Suparti），就可稱為*Bu* Parti（芭蒂女士），我表哥蘇迪爾豆（Sutirto）則可稱為*Pak* Tirto（迪爾豆先生）。所以各位台灣朋友，下次跟印尼人打交道的時候，稍微看一下對方的名字，再判斷一下如何加上印尼文的「先生」或「女士」等稱號，不要一看到「Su-」的字首，就急著叫對方「蘇小姐」或「蘇先生」，或是把人家老爸的名子，拿來當作穆斯林朋友自身的名字。這些做法，可是會貽笑大方的！

INDONESIA

02

暗黑系觀光觀察

形形色色的可愛印尼死人

接下來各位會看到許多活生生的例子，慢慢體會到印尼人開朗樂觀、與人為善之處。然而，印尼不但活人親切、有趣，死人也不遑多讓。光是印尼人的殯葬習俗，以及如何看待死亡這件事情，就與華人為主的台灣社會，有著很大的差異。

生不帶來、死不帶去的穆斯林生死觀

由於印尼八十七％的人口是穆斯林（Muslim，信仰伊斯蘭教的人），因此在處理喪葬事宜時，大多會依照伊斯蘭教義的規範，盡可能較為簡約地處理後事。另

外，穆斯林平日每天五次的祈禱之前，都會先洗淨包括臉、手、腳與私密處等身體部位，由此可知穆斯林非常注重衛生。也因此，印尼的穆斯林在往生之後，會依照伊斯蘭教對於大體處理上的規範，由同性別的直系親屬用溫水洗淨大體，接著會同家屬與親友進行祈禱後，就必須儘速將大體下葬，以免帶來任何衛生與疾病傳染上的疑慮。

相較之下，台灣的傳統喪禮習俗中，常常安排了孝女白琴、五子哭墓等熱鬧非凡的橋段。哭得越激烈，似乎代表子孫越孝順、家族也會越興旺（這是我身為旁觀者的推測，是否如此，要請教台灣民俗專家的意見）。然而這樣的模式，在印尼可是行不通的！在印尼，家屬與親友在瞻仰大體或祈禱時，都不能有嚎啕大哭、垂足頓胸等的舉止，這是為了讓往生的親友一路好走，不再眷戀塵世。也因此，印尼文的「過世」（*meninggal dunia*），是詞彙造字，字意為「留下世界」，近似於中文裡「撒手人寰」的概念。

到了入土下葬的階段，往生的穆斯林不會穿著衣物，而是用一條白布包裹，盡量做到「生不帶來，死不帶去」。也因此，穆斯林葬禮的棺木，功能是用來運送大體到墓穴，棺木並不會隨之入土。最後，大體放進墓穴裡的方位，必須是身體右側朝下，面向位在沙烏地阿拉伯的聖城麥加（Mecca）方向（如果以印尼來說，就是面向西北西方），象徵穆斯林以聖地為人生的最後依歸。

三人行，必有我「屍」的多拉查人

前面所敘述的，是占印尼社會多數的穆斯林，對於人生終點站所做的安排。然而，印尼畢竟是一個相當多元的國家。對於送往迎來的人生大事，不同的省分與縣市、族群與部落，可能會有大相逕庭的處理。其中最特別的，莫過於位處南蘇拉維西省（Sulawesi Selatan）的多拉查族（Toraja），讓往生的親屬再度「復活」、栩栩如生的傳統儀式「媽內內」（*Ma'nene*）。

多拉查族人思考死亡，是將死亡看作人生中不可或缺的一部分。對於很多多拉查族人來說，親人在正式下葬前，都不算死亡；即使已經斷氣，也只是處在「生病」的狀態。所以有些多拉查族的家庭，會將「生病」（以我們的觀點來看，已經是死亡很久了！）的親人大體放在家中多年，直到腐朽不堪之後才正式下葬。多拉查族人大多為基督徒，為了向往生、下葬的親人致意，在每年的八月，也就是農作物收成之後的月分，會將往生的至親大體從已經下葬的棺木中取出，梳洗並盛裝打扮，再帶著已經「復活」的至親，在村裡到處走動，彷彿回到過去至親依舊在人世間的美好時光。

各位看看下一頁，這些打扮得五彩繽紛、鮮豔亮麗的死人，彷彿一尊一尊的大型人偶或洋娃娃，是不是相當可愛呢？有些人會覺得已經往生多年的大體，應該會散發出很可怕的氣味，然而據當地人士的說法，往生的親屬身上所散發出來的是一股熟悉的、「專屬於家人」的味道，在世的親屬並不會感到突兀。另外，由於這些大體在下葬之前，已經擺放在家中多年，經過了一定程度的風乾，不容易因為潮濕而生蛆、腐敗。我的目測結果，這些大體所散發的氣味，應該沒有各位看官們想像的那麼差（寫到這邊，我突然覺得肚子好餓，好想吃臘肉喔！）。

多拉查族喪葬儀式，下葬的至親好友穿戴完整、亮麗現身。

天堂裡的地獄？

除了穆斯林的葬禮、多拉查族的活屍之外，接下來要介紹的一種印尼死人，出現在風景如畫、宛若人間仙境的峇里島，堪稱死人界中的霸主（謎之音：死人中的霸主還是死人！）。依據我的親身經驗，這些峇里島的死人，遠比活人還可愛！

有一年，我跟幾個研究所的同學，一起前往峇里島旅遊。由於我通曉印尼語，又曾多次前往峇里島，因此順理成章擔任起同行友人的當地導遊。峇里島有山有海、有湖有河，好玩的地方可說是不勝枚舉。然而，我私心最推薦的，則是位處峇里島東北部、有著巴杜爾火山（Gunung Batur）與巴杜爾湖（Danau Batur）等美景的觀光勝地——金塔瑪尼（Kintamani）。

除了天然美景外，我對金塔瑪尼最有興趣的，則是從家族親戚的口中所聽過的一個傳說：金塔瑪尼附近有一個神祕的村莊，叫做杜陽（Trunyan），位於巴杜爾火山山腳下，位置偏僻、連外道路不便，只能搭船越過巴杜爾湖，才能進入村莊。峇里島的原住民阿伽（Bali Aga），住在這個村莊裡一個神祕、還沒經過峇里島印度教洗禮的部落，因此奉行的是與一般峇里島人不一樣的傳統信仰（*kepercayaan tradisional*）。也因此，這個族群的殯葬方式非常特別。只不過有點麻煩的是：除了前往該地的交通並不方便，據說男女老少對外來訪客也不是那麼友善。

或許是我這個人有點鐵齒，也或許是我從小習慣了顧人怨的人生，對於外界的各種不友善，總是能夠甘之如飴。我心想：「不就是與世隔絕的一群鄉民，會有多可怕？難道會比台灣的鍵盤專家、網路鄉民更可怕嗎？」於是，隨行的台灣同學在我的慫恿下，決定一起前往這個在巴杜爾湖邊的杜陽村，看看當地村民到底有多不友善、生活型態又有多麼與眾不同！

我們訂好了休旅車和司機，也準備了包括糖果、蝦餅（*krupuk*）等等一大堆的零食（準備拿來安撫據說不友善的小朋友），一大早就從峇里島南邊、充斥著澳洲與日本觀光客的庫塔海灘（Pantai Kuta）出發。一路向北，來到了氣候涼爽、風景如織的金塔瑪尼。

我們在餐廳裡，一邊享用午餐、一邊觀賞金塔瑪尼湖山相連的美麗景色，誠乃人生一大樂事！飽餐一頓之後，一行人起身出發，前往山腳下的湖畔碼頭，準備搭船過湖前往杜陽村。不料到了碼頭邊……

「我載你們到湖邊就好，就不進去杜陽村裡了！」司機大哥突然拋出了這樣的決定。

「為什麼？*Abang*（印尼語的「大哥」）你不願意過去？是因為那邊有什麼很可怕的事情嗎？」雖然我試圖套話，但是司機大哥卻只是面無表情地不斷搖著頭。

任憑我怎麼好言相勸，土生土長的峇里島人司機，已經打定了主意，不願意跟著我們渡湖。於是我們只好自己付錢，搭乘快艇渡

湖山相連、風景如雲的峇里島觀光景點「金塔瑪尼」。

湖。所幸湖光山色、水上風光美不勝收，讓渡湖成了一樁賞心悅事。就在我們快到達湖的對岸，即將登上村子的碼頭時……

「你們看，這艘船划得好快！」同行的女性友人驚呼。

轉頭一看，的確有一艘很小很小的小船，上面塞滿了八位壯漢，正賣力搖著槳、划著船；轉眼間，八位壯士就已經上了岸，在碼頭上排好陣勢，歡迎我們這些「訪客」（ㄈㄟˊㄧㄤˊ）的到來。

我們五隻小小羊兒，剛踏上碼頭，還來不及說話，就已經被蜂擁而至的兒童包圍。小朋友拚命拉著我們的手，似乎在跟我們要糖吃。幸好，我們早有準備，之前在市區已經買了不少零食，紛紛發送給小朋友。然而資源有限，欲望無窮，每一個拿到了糖果跟餅乾的小朋友，似乎還不滿足，繼續伸手跟我們要其他的東西。正當我們手足無措、不知如何是好的時候，旁邊一位留著大鬍子、似乎是壯漢頭頭的大哥，大手一揮，將那些兒童像趕蒼蠅一樣地趕到一旁。

「來，我帶你們去看你們想看的。」鬍子大叔發號施令後，在其他七名壯漢團團包圍的壓陣下，我們只好乖乖跟著他們走。

沒多久，我們來到村子裡的一棵大樹下。大樹周圍的地上，則布滿了一座座的竹籬笆，不知道是何功用。接著，鬍子哥指著地上的一個木頭碗，跟我說：「*Donasi*（捐款）。」我喵了一眼，發現碗裡面只有一張十萬盾印尼幣（當時幣值約等同於三百五十元新台幣），還是舊版的鈔票；不知道這是不是鬍子大叔自己放在裡面的鈔票，想「激勵」觀光客起身效法。不過，不論這張鈔票是鬍子大叔或觀光客放的，都讓這個景點顯得極少有人造訪。「我們剛才搭船過湖時，已經付過錢，而且費用裡面已經包含捐款了！」我說。

峇里島杜陽村原住民阿伽的不下葬、採風吹日曬曬大體法。

「那不一樣～那些是給活人的錢！」鬍子大叔的答案，讓我有些吃驚。難不成等一下我們一行人當中，有人會變成死人嗎？

俗話說：強龍不壓地頭蛇。雖然有點心不甘情不願，但我們每個人還是乖乖掏出了五萬元印尼盾的鈔票，「樂捐」到碗裡。鬍子大叔看到我們乖乖聽話，就帶著我們趨前，看看籬笆裡面的風貌。原來……

籬笆裡都是死人！

籬笆裡都是死人！

籬笆裡都是死人！

這就是杜陽村最特別的習俗！原來，當地的村民往生之後，親人並不會將大體下葬，而是放在村裡的一棵大樹之下，再用竹籬笆圍起來，接著就任憑大體自然腐化。由於那棵神木會散發一種特別的香氣，中和掉原本應該有的屍臭（因此我們在大體附近，並沒有聞到任何異味）。等到假以時日，大體完全腐化

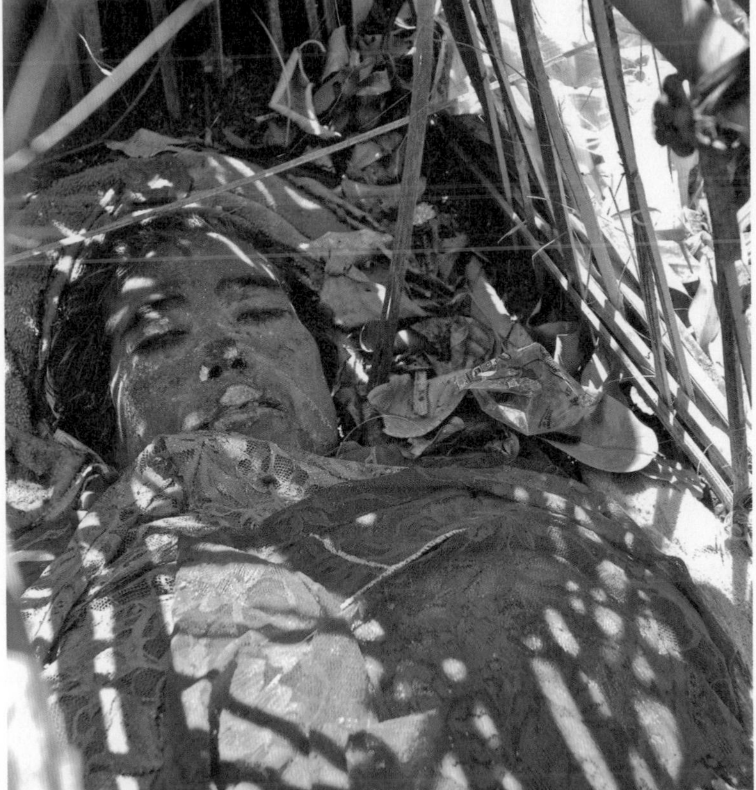

看似活人的杜陽村往生者。© Yusuf IJsseldijk

之後，村民再將骷髏撿拾起來，堆積在旁邊，藉以空出新的地面空間，給之後的往生者使用。當然，同行的友人這時候也才理解，「捐款不是給活人」是什麼意思。

雖然眼前的場景非常難得一見，但是同行的友人，一方面因為眼前「屍橫遍野」的景觀而感到不適，另一方面則是壯漢村民死要錢的態度，讓他們覺得難以接受。於是，友人決定提早結束這趟旅程。當然，我們在走回碼頭的路上，依舊是一大堆的大人與小孩，跟我們爭討著不樂之捐。我已經習慣了這種場景，低著頭、快步朝碼頭走過去，只不過同行的友人就沒那麼幸運了！到了碼頭邊，我已經準備跳上小艇；轉頭一看，同行的女性友人，正被兩個小學一、二年級年紀的小朋友死抓著不放，拚命要糖果、餅乾；一旁的一位大叔與一位阿嬤，依然不斷要求我們「樂捐」給他們往生的親人。

「莫名其妙！怎麼每個都是你的親人？每個都要捐款？你家到底是死多少人啊……!?」我心裡暗罵。

「景榮，怎麼辦？這些小孩好惱人，纏著我不放！」女性友人向我求救。

「不管了！把零錢、糖果全部給他們，趕快上船！」指揮官下達了「全面棄守、立即撤退」的指令。

於是，同行的女性友人將零錢與糖果向空中一拋，趁著小朋友搶成一團、阻擋其他村民行進路線的那一刻，我們趕緊跳上船，要求船夫開船。於是，在村民搶成一團的爭吵聲中，杜陽村離我們越來越遠，漸漸地從我們的視線當中，消失在湖畔的另一端。

「這個村落好可怕！村民死要錢不說，看到那些屍體大剌剌地躺在地上，感覺好恐怖！」同行友人下了結論。

「對啊！峇里島這麼美，一般遇到的峇里島人也都很友善。想不到峇里島上面，竟然有這些人、這種地方！」另外一位友人也深有同感。

「哪種地方？我覺得杜陽村沒有很特別啊！」我很淡定地回答。「在世界的各個角落，最恐怖的，通常都不是死人，而是活人。不是嗎？」

INDONESIA

03

選人又選黨、海內又海外的印尼選舉戳戳樂

古有明訓：「外舉不避仇，內舉不避親」。今天就來向海內外的印尼鄉親，推薦一位優秀人才，一位願意為民服務的印尼國會議員候選人，那就是我的九姨丈──阿迪加（Aditya Indradjaja）先生。

「等一下！你是說『九』姨丈？」「你到底有多少個阿姨、舅舅？」每次一講到我的九姨丈，台灣同學都會開始歪樓，一直跳針問我：「你們印尼人怎麼這麼愛生啊？」之類的問題。

印尼人由於篤信宗教（印尼基本國策是禁止無神論的），因此印尼人通常會依據各宗教「生養眾多」的訓誡，努力做人、增產報國。我外婆就是個例子！我媽那一輩

總共兄弟姊妹九人（還不包括我兩個幼年夭折的舅舅）；因為家境貧窮，所以外婆年輕的時候，將包括我媽在內的幾個子女，都送去給別人帶大。話說，「請芳鄰與好友幫忙養孩子」也是雅加達早年盛行的風俗。我跟姊姊計算過：到我們這一輩，印尼端總計有三十六個表兄弟姊妹（還不包括表姨與表舅的孩子）。

此外，台灣社會總認為教育程度較低、經濟條件較差的家庭，比較愛生孩子，但是這種刻板印象不一定符合印尼的實際狀況。例如我一個表弟，在新加坡念完國小、初中，在大學之後又先後留學美國、日本，目前是坐擁高薪的專業經理人、人生勝利組，卻也跟他美豔動人的太太，在不到十年內連續生了五個孩子……

好吧！言歸正傳。九姨丈是一位苦學青年，拿到了印尼政府的獎學金，赴德國取得碩士學位；學成歸國、事業有成之後，開始力圖報效國家，因此曾在二〇一四年代表前總統尤多約諾所屬的政黨「民主黨」，參選東爪哇省第二選區的國會議員，可惜不幸落敗。到了二〇一九年的選舉，九姨丈阿迪加先生改披「鬥爭派印尼民主黨」的戰袍，並且改在西爪哇省第二選區（應選十席）出戰。

咦？東爪哇省與西爪哇省距離這麼遠（我的親身經歷，搭乘火車需要十二個小時，中間還隔著中爪哇省與日惹〔Yogyakarta〕特區），兩個省分的文化背景與生活方式也大相逕庭。依照台灣政治人物的邏輯，通常是長期深耕一個單一選區；就算轉換選區，也不會跑去那麼遠的地方。另外，在不同政黨之間遊走，依照台灣網路酸民的觀點，會不會被批「背骨一時爽」啊？（高雄小巨人：X的～我躺著也中你印尼槍？）

多黨林立：政客換黨，就像球員換球隊

這邊要稍微拋個書袋，講講比較政治的理論。因為印尼的中央政府採用的是總統制，而非議會內閣制，國會議員選舉方式採用的不是美國式的單一選區制，而是歐洲式的比例代表制（類似台灣「全國不分區」立法委員的選舉方式）。依照政治學大師李帕特的研究，通常會出現國會多黨林立、政治人物

黨籍更換頻繁的現象，最著名的例子，就是拉丁美洲的民主國家！學者常常用「政客換政黨，像球員換球隊一樣稀鬆平常」來形容這類民主政體。

新興民主國家的印尼，就符合這種情況！二〇一四年的大選後，總共有十個政黨進入國會、取得議席；然而就算是國會第一大黨、總統佐科威（Joko Widodo）所屬的抗爭派印尼民主黨，也只取得了一九．五％的國會議席。沒有一個政黨能夠在國會中過半，而總統為了取得國會中穩定多數的支持，也必須時常跟不同的政黨溝通、妥協與攤牌。在各方利益的合縱連橫下，個別政治人物頻頻為了因應大局，而與不同政黨合作，或是直接加入其他政黨。

例如從二〇〇四年開始，在前獨裁者蘇哈托所創建的戈爾卡黨（Golkar）擔任黨主席的卡拉（Jusuf Kalla），就是一個很有趣的例子。他二〇〇四年拒絕了自己所屬政黨的提名，跑去當民主黨主席尤多約諾競選總統的副總統搭檔，兩人連袂當選後，卡拉則繼續擔任自家戈爾卡黨的黨主席。卡拉在二〇〇九年代表戈爾卡黨參選總統落敗後，二〇一四年又跑去擔任抗爭派印尼民主黨總統候選人佐科威的副手；而自己所屬的戈爾卡黨，反而倒戈去支持「大印尼運動黨」籍的對手普拉博沃（Prabowo Subianto）。最終在二〇一四年再度當選副總統的卡拉，顯然就是天生的「扶龍王」命格，專業當副總統的料（台灣恰吉：我才是扶龍王命格啦！）！

又例如二〇一二年首都雅加達省長選舉時，抗爭派印尼民主黨籍的佐科威，找了原本是戈爾卡黨籍國會議員、當地媒體暱稱為「阿學」（Ahok）的客家華裔印尼人鍾萬學（Basuki Tjahaja Purnama），改披大印尼運動黨的戰袍，成了佐科威競選省長的副手搭檔並順利當選。而接下來佐科威在二〇一四年總統大選中擊敗的對手，正是大印尼運動黨籍的普拉博沃，進而讓同屬大印尼運動黨的副省長鍾萬學，在佐科威就職總統後扶正為雅加達省長。雖然在這次總統大選裡，鍾萬學表態支持同黨的普拉博沃，然而各位試想一下：如果你是鍾萬學，內心會不

印尼政黨林立，二〇一九又適逢印尼大選年，連在峇里島的鄉間，都可以看到支持者各自掛上所支持政黨的旗幟。紅色的是抗爭派印尼民主黨，黃色的是戈爾卡黨。

會希望佐科威擊敗你的黨主席、當選總統，這樣你才有機會扶正為雅加達省長呢？

這樣「三腳督」（台語「三足鼎立」之意）的多黨大亂鬥還沒結束！到了二〇一七年雅加達省長選舉時，此時身分為無黨籍、意圖尋求省長連任的鍾萬學，最後卻被主要競爭對手，也就是自己的前母黨大印尼運動黨所提名的阿尼斯（Anies Baswedan）所擊敗；而阿尼斯在二〇一四年總統大選時，不但擔任佐科威的發言人，甚至還在佐科威勝選後獲邀入閣，擔任佐科威政府的教育文化部長。所以二〇一七年的雅加達省長選舉時，沒有人能確定佐科威內心所支持的，究竟是鍾萬學還是阿尼斯！也因此，在當年的雅加達省長選舉時，我每當看到華人世界的網民、印尼選舉的鍵盤專家們，以「鍾粉」加「佐

二〇一七年首都雅加達省長選舉前，三組候選人的看板出現在雅加達同一個十字路口。一號為前總統尤多約諾之子阿古斯與其搭檔（在第一輪選舉後被淘汰）；二號為現任省長鍾萬學與其競選搭檔；三號為最後成功當選的阿尼斯，以及後來去選副總統卻落敗的副省長搭檔巫諾。

粉」的身分，在那邊批判阿尼斯有多爛、他所屬的大印尼運動黨有多排華時，都不禁暗暗覺得奇怪：既然阿尼斯這麼爛，那他在佐科威麾下當部長時你怎麼不說？如果大印尼運動黨那麼排華，那當年又怎麼會提名華裔的鍾萬學，出來當雅加達副省長？

不論如何，上述例子只是為了說明：就算像卡拉與鍾萬學這類頻繁更換合作政黨、甚至在各黨籍之間跳來跳去的政治人物，都不會折損他們在印尼社會的聲望。所以像我九姨丈阿迪加這樣，一個任期只跟一個黨的候選人，各位也就不需要過分質疑他的政黨忠誠度了！

選黨又選人的印尼國會選舉

既然要談九姨丈的國會議員選舉經驗，就得先向各位習慣看立法委員選舉的台灣讀者，說明印尼國會議員的選舉制度，究竟與台灣有什麼不同。

以二〇一九年為例，印尼國會共需選出五百七十五席議員。全國劃分為八十個選區，每個選區選出三到十席不等的席次。以九姨丈這次參選、應選十席的西爪哇省第二選區為例，各政黨通常會提名足額的十名候選人，於是選民就要先在很大張的選票裡，找出自己支持的政黨，再從該黨的名單裡面找出支持的候選人，用選委會提供的工具：過去是釘子，現在則是用打洞機來「戳洞」（*coblos*），投票完成整個民主戳戳樂的程序。

在台灣的全國不分區立法委員選舉裡，各政黨也會提出立委候選人名單，而名單上面的排序是固定的、封閉式的，送到中選會之後就不能更改；因此，各政黨依據自身的選票實力，通常可以估算出在全部三十四名不分區候選人裡面，排名前十至前十五名的「安全名單」。

超級大張的印尼國會議員選舉選票。

相較之下，印尼的國會議員選舉因為採用開放式名單，就沒有「誰在安全名單內」的問題。同時，同一選區裡同一政黨所提名的候選人，得票高的還可以將選票「讓渡」轉給得票低的同黨候選人。

舉例而言，假設西爪哇省第二選區的選舉結果，抗爭派印尼民主黨總計拿到了該選區五十%的選票，那就可以在應選的十席國會議員當中拿到五席，平均每位當選人貢獻了十%的選票。然而比較常見的，是另一種較為極端的情況：假設抗爭派印尼民主黨在該選區推出了一位明星級的「吸票機」候選人，他一個人就囊括了該黨五十%選票裡的四十%，那麼他多得的三十%選票，就可以依序讓渡給該黨排名第二、第三、第四與第五的當選人，讓五人通通當選。

這種制度的缺點，在於黨紀難以貫徹：「只要我能吸票，誰管你黨中央怎麼想!?」政黨管不住鶴立雞群的明星級候選人；相反的，政黨反而要盡力拉攏明星級候選人到各個選區，讓最後得到的總席次極大化。曾經擔任過印尼國會議員的鍾萬學，之所以能在各個政黨間遊走，跟這樣的選舉制度也有一定關係。

當然，這種制度所帶來的優點也不少。例如不會像在台灣的縣市議員選舉那樣，出現同一選區裡同黨候選人爭奪基本盤選民、自相殘殺的局面。相反的，候選人在獲得一定程度的支持後，會支持同選區、同黨籍的明星級候選人大放異采，發揮「母雞帶小雞」的功效，幫助自己贏得議席。最後，這種制度讓那些跟政黨高層不熟、沒有政治菁英背景，但是靠著網路媒體而獲得基層民眾支持的政治素人，更容易在選戰中，靠著自身的號召力而出頭。

講到這邊，各位讀者大概也猜到了。沒錯！我的九姨丈確實只是選戰場域裡的一隻「小雞」，必須要靠鬥爭派印尼民主黨這隻「母雞」的招牌，外加同選區明星級戰友發揮吸票功能，才可能在殘酷的選戰中脫穎而出。然而，小雞也有小雞的打法。讓我們看看下頁阿迪加先生的競選文宣，便可略知一二。

這張文宣真是言簡意賅啊！各種的政策訴求、候選人的背景與理念，通通都不用提。直接給選民看西爪哇省第二選區的選票樣張，而裡面只有阿迪加這位候選人的姓名露出，請他們記得投裡面的「三號政黨（鬥爭派民主黨）的七號候選人（阿迪加）」就夠了！

此外，由於二〇一九年的四月十七日，除了印尼的總統大選與國會議員選舉我的九姨丈選舉文宣不拖泥帶水。

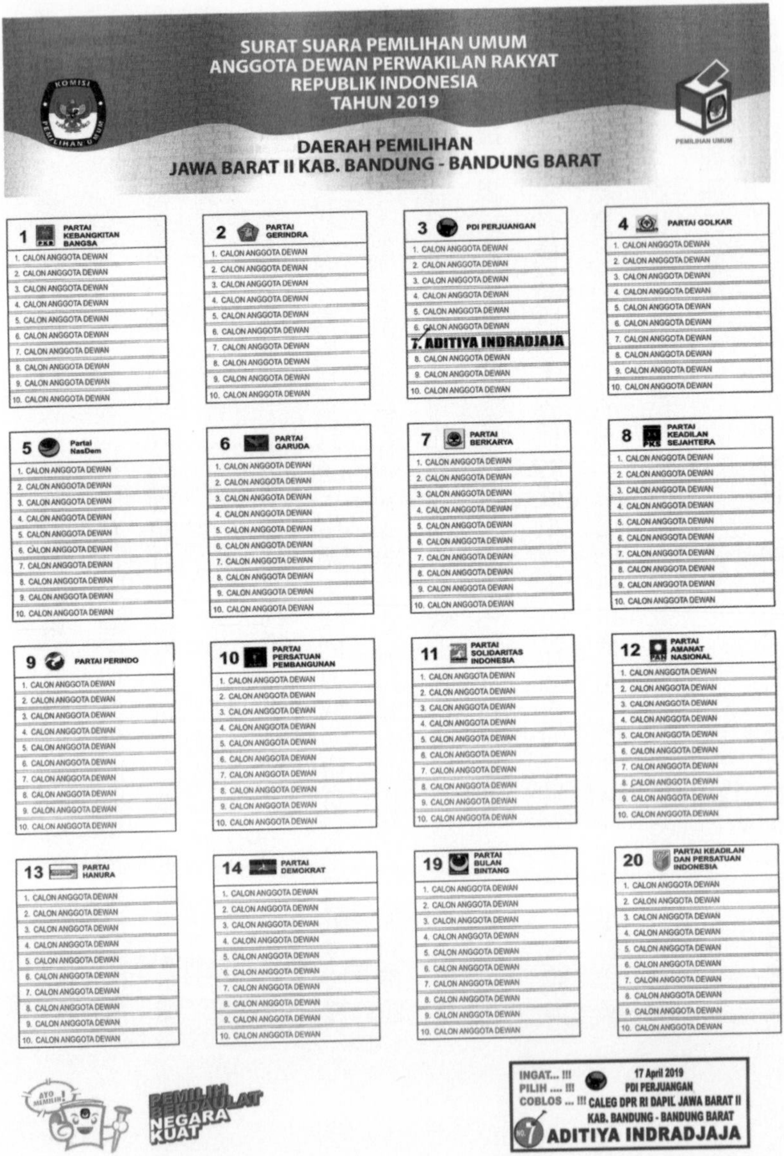

外，省議會與縣市議會的議員選舉也在同一天舉行。因此九姨丈的另一份文宣（請見下圖），就找了同一選區、同黨籍、同樣也是七號，但是參選省議員的候選人，一起出資、宣傳，一方面壯大聲勢，另一方面節省經費。同樣的，這張文宣也貫徹了一樣的主軸：不管國會議員還是省議員，反正就是「投給三號黨的七號候選人」就對了！

四海之內的印尼人，皆是雅加達中南區的天龍人？

看著九姨丈辛苦地在選戰中拚搏，然而我人在台灣，也沒辦法飛到西爪哇省跟他並肩作戰。不過二〇一九年的大選過後，有一次在臉書上聊天時，我跟九姨丈提到了在台灣，總計有二十七萬名的合法印尼移工、三萬名尚未歸化台灣的印尼籍新住民，總計三十萬名的印尼合格海外選民（*pemilih luar negeri*）；我希望有朝一日能在台灣向他們拉票，讓他們投票支持我的姨丈阿迪加。

阿迪加先生聽完之後，遲疑了一下，接著回了一句：「如果這樣，下次我乾

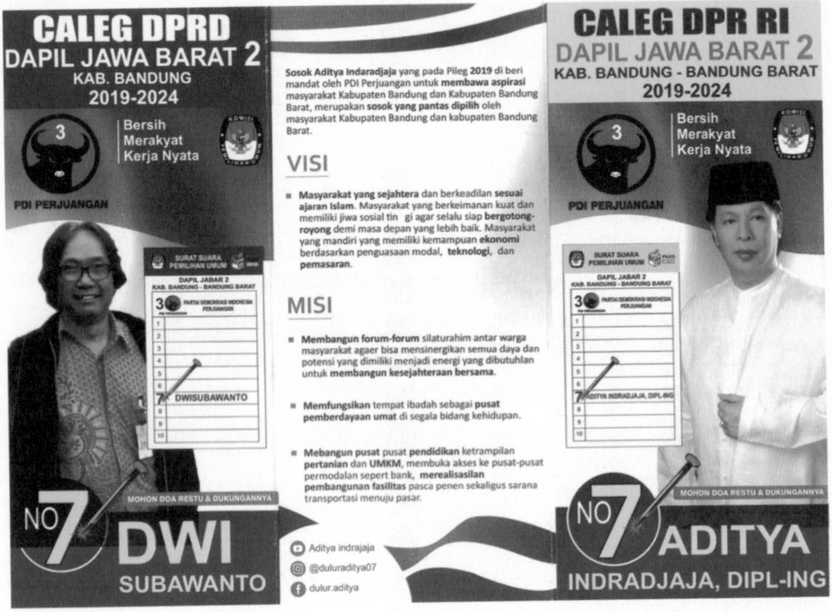

西爪哇省第二選區，抗爭派印尼民主黨的國會議員候選人阿迪加（右）與省議員候選人（左）的聯合競選文宣。宣傳主軸在於：不管什麼選舉，請民眾記得戳「三號黨的七號候選人」就對了！（那兩支用來戳選票的釘子，未免太萌……）

脆參選雅加達第二選區，搞不好就能夠勝選了！」

咦？「爭取海外印尼公民的選票」，跟「參選首都雅加達第二選區」，又有什麼關係啊？要回答這個問題，就必須再說明一項印尼超越台灣的民主成就，那就是台灣到目前都尚未實施，保障海外公民參政權的不在籍投票制度。

以二〇一九年為例，登記有案的海外印尼選民，共計兩百萬五千人。雖然不住在印尼境內，但是這些印尼人仍享有公民的投票權。因此，印尼政府大致提供了三種方法，讓這些身處海外的印尼公民，也可以投票選舉印尼總統與國會議員。第一種方法，就是直接到印尼駐世界各國的大使館與領事館投票。如果是在台灣，就是到功能等同於大使館、位在台北市內湖區的「駐台北印尼經濟貿易代表處」投票。第二種方法，則是由印尼外交人員，到該國的各地方廣設巡迴投票站。以台灣為例，二〇一九年四月十四日當天（海外投票比印尼國內提早三天展開），全台灣各地總計設有三十四個投票站，供已登記的印尼選民投票。第三種方法，則是事先向駐在國的印尼外館登記，外館郵寄選票到居住地址，由印尼公民「戳選」（跟台灣的「圈選」不一樣，記得嗎？）支持的候選人，彌封後，寄回給印尼外館。

這些海外公民所戳選的正副總統候選人，跟印尼國內的選民並無二致。然而，印尼海外國民在戳選國會議員時，一律劃入「雅加達特別省第二選舉區」；該選區的選民範圍，包括戶籍在中雅加達市（Jakarta Pusat）、南雅加達市（Jakarta Selatan），以及戶籍在海外的選民，共計選出七名國會議員。至於為什麼海外選區要與雅加達第二選舉區合併，而不是單獨成為一個選舉區呢？可能是基於以下幾個原因：首先是因為印尼人口太過龐大。二〇一九年大選，全印尼登記有案的合格選民共計一億九千萬人。如果用兩百萬的海外選民總人數去除，那海外選民只占全部選民的一．〇七%，也只分得到五席。基於議席數太少（說實話，我覺得五席不算少）的理由，因此與人口數同樣較少的南雅加達市與中雅加達市選區合併。

另一個理由則是基於印尼海外國民歸印尼外交部管轄，而印尼外交部的地址在中雅加達市，因此「就近」將海外選區，併入中雅加達與南雅加達市選區。台灣人聽到這樣的邏輯或許會覺得奇怪，不過大部分的海外印尼人至少都能接

二〇一九年，我來到台中市中區的印尼海外選民投票站前，目睹投票的人群相當踴躍。

投票時間即將結束時，選務人員在投票站前唱名，要求已登記但尚未完成投票的選民，盡速行使公民權利。

受。況且中雅加達與南雅加達有不少印尼境內的「天龍國」高級地段。例如，印尼總統府就位在中雅加達，附近的曼丹（Menteng）類似台北市的博愛特區，不但是很多高階官員的官舍所在，也是美國前總統歐巴馬兒時在印尼居住的第二故鄉；南雅加達則有印尼國會所在的史納延（Senayan）、金融重鎮的古寧岸（Kuningan），以及堪稱「雅加達的天母」、富商巨賈與國際人士群聚的本多英達（Pondok Indah）高級住宅區。對於多數來自印尼爪哇島鄉間、在海外工作的勞工選民來說，跟祖國當地的天龍人劃分在同選區，似乎沒有對他們的顏面與權益，造成太大傷害。

依據我的親身觀察，在二〇一九年的投票日當天，在台中市中區的投票站前，湧入了上千名印尼籍的勞工與留學生。他們井然有序地進入投票站，投下了神聖的總統選票，也戳選了國會議員選票上，那些他們不太熟悉的雅加達天龍國候選人，倒也沒聽到這些選民有太多的抱怨。我倒覺得這很印尼！印尼人做事的原則，不求完美，但求大家都可接受。選舉畢竟是喜事，不用深究太多、更不用因為支持對象的不同，而搞到劍拔弩張，不是嗎？

INDONESIA

04

台灣選舉看統獨，印尼選舉看宗教

印尼雅加達首都特區的現任省長鍾萬學，因為褻瀆宗教罪，遭到雅加達地方法院求處兩年刑期。消息傳出，台灣鄉民紛紛指責「印尼司法不公」「民主政治的淪喪」「印尼最悲哀的一天」，甚至有鄉民繪聲繪影地描述，「印尼開始出現了各種排華現象」。看到台灣一下子能蹦出這麼多的鍵盤印尼專家，稍感欣慰，證明了在台長期被忽略的東南亞研究，已經成為（一日）顯學了！

不過，在想對印尼說三道四之前，我希望大家要先了解印尼「建國五原則」（*Pancasila*）的第一條：至高無上的有神論（*Ketuhanan yang Maha Esa*）。在印尼，宗教是神聖不可侵犯的底線，就像皇室之於泰國人；自由或資本主義之於美國人那樣（說錯了別怪我，雖然我在美國住過五年，但是也不敢保證我了解這個三億人口大國的立國基本原則。所以某些台灣鄉民可以在短時間內這麼了解兩億七千萬人口的印尼，我也只能說偉哉鄉民了！）。如果我們懂得了解、尊重別人國家的立國基本原則，再來看印尼首都省長一連串的相關事件，那麼很多讓台灣鄉民覺得光怪陸離、進而義憤填膺的事，實際上都能有很合理的解釋。

我們選舉看統獨，印尼選舉看宗教

雅加達是我的第二故鄉，我在那裡出生。鍾萬學擔任省長後，我於二〇一五年在雅加達長期就學，這兩年更是頻繁往返台北與雅加達之間。身為一個外國人，我見證了雅加達在市政發展上的進步，也肯定鍾萬學當首都省長的表現。然而，雅加達選民日前透過了公平、公正、公開的民主選舉，表達了他們認定「宗教至上」的原則，所以由穆斯林學者阿尼斯，擊敗現任省長鍾萬學而勝選。

很多台灣人覺得印尼的首都首長選舉，看宗教、不看政績，非常奇怪。但是回過頭來想想，我們台灣自己又何嘗不是如此呢？台北市也曾經發生過現任市長政績滿意度超高，最後卻連任失利的情況。台灣的首都市長民選已經超過二十年，在多數的台灣選舉中決定選戰成敗的關鍵，似乎不在政績，而在「省籍」與「統獨」這些與實際建設沒有直接關連的議題。雅加達選民有權用「宗教」來決定他們的選票歸屬，就像台灣選民有權依據「省籍」與「統獨」來投票一樣。這是人家自己的選擇，外人應該尊重，沒必要去說些「鍾萬學落選，印尼民主政治面臨危機」這類的危言聳聽！

落實於民主法治的宗教至上

承前所言，「至高無上的有神論」是印尼立國的基本原則。這不但是大多數民眾的共識，更透過了民主的立法程序，落實在典章制度中。印尼民眾依法不可以是無神論者，必須在伊斯蘭教、基督教、天主教、印度教、佛教與儒教六個法定宗教中，擇一信仰。印尼設有中央部會層級的宗教部，掌管包括婚姻與財產繼承等等、在其他國家歸類為民事相關的業務內容。至於褻瀆了上述六大宗教的任何之一，都會被判定為印尼法律的刑事重罪。

了解到印尼宗教至上的立法原則，再來看鍾萬學當初在公開競選活動時的發言。鍾萬學表示他的競爭對手引用《可蘭經》第五章第五十一節的內容，「有信仰的人們啊～你別讓猶太教徒與異教徒，成為你們的領導者」，是「利用宗教欺騙選民的手段」，因此惹上官司。我並非伊斯蘭教的教義專家，不敢妄加評論；然而身為基督徒的鍾萬學，僭越了原本應屬於伊斯蘭教士的職責，詮釋了《可蘭經》的內容，確實有失當之處（鍾萬學也不止一次對此公開道歉）。所以，這次雅加達地方法院依法審理，判處鍾萬學褻瀆宗教罪。包括支持鍾萬學的現任總統佐科威、反對鍾萬學的前總統蘇西洛前總統，皆無涉入審判過程。台灣鄉民或許可以質疑印尼法官的立場過於保守，但沒必要去批評人家國家的立法原則與司法體制。

另外，有人質疑「網路上流傳鍾萬學的發言影片，是經過敵對陣營變造的，用來當作定罪的證據，是對鍾萬學的司法迫害」。試問：鍾萬學與他的辯方律師，怎麼可能拿網路上變造過的、對他不利的影片，當成替自己辯護的呈堂證供？雅加達省長的隨行攝影官、現場眾多鍾萬學的支持群眾，難道沒有人會拿出未經變造、有利於鍾萬學的影片嗎？鄉民們未免太低估鍾萬學與其辯護律師的智商了！整個審判過程皆公正公開，也依據印尼法律明定的條款來定罪，而被告鍾萬學也保有繼續上訴的權利。看到台灣鄉民們大聲斥責外國司法判決，強調「印尼司法不公」「這是印尼最黯淡的一天」等等，只能說鄉民們都住海邊，管太大了！

華人血統是你們判斷是非的標準？

做為一個在雅加達居住過的外國人，我認為鍾萬學是一個表現不錯的省長，他大刀闊斧推動建設、改革吏政，這些都值得肯定。令人遺憾的是，一個表現好的印尼公僕，卻成為台灣少數媒體與網路鄉民的造神標的；而將鍾萬學神格化的理由，竟然是出自於他的華人血統！

所以在過去半年內，時常看到台灣充斥著「印尼華僑擔任雅加達市長」「華裔的鍾萬學若是當選，將翻轉印尼歷史」等等的妄言。說鍾萬學是印尼華「僑」，也是好笑！鍾萬學並非中國出生、後來僑居到印尼的中國外僑；鍾萬學就是一個土生土長的印尼人，只是具有華人血統罷了！人家要選印尼首都省長，強調愛印尼、力行本土化都來不及了！台灣鄉民卻沒事硬要幫他認祖歸宗，強加他的選舉包袱。到底是愛他還是害他啊～更何況，印尼是一個多元族群國家，有三百多個法定民族，占總人口一％多的印尼華人（*suku Tionghoa*，印尼官方稱為「華族」），只是印尼其中的一個少數族群；若是少數族群當選地方首長，就叫做翻轉印尼歷史，那我真的不知道印尼已經被翻轉過幾次了！

所以，台灣人啊！如果你只是因為鍾萬學的華人血統，就義無反顧地力挺他，請停止你們的種族主義立場！因為這已經傷害了非華族台灣人的情感，因為在台灣，不管是原住民、新住民還是新二代，有很多非華族血統的正港台灣人，跟你們一起生活在台灣這塊土地上。如果華族台灣人們最尊崇的，只是

「炎黃子孫」這頂種族主義的大帽子，那非華族台灣人是不是可以合理的懷疑：當台灣有一天跟來自華人國家的敵人交戰時，你們會依據自己的種族與血統，而選擇與敵人站在一起；反而是非華裔的、東南亞裔的台灣國民，這些因為不是純正炎黃子孫，而被歧視過的新住民與新二代，才會為了我們納過稅、盡過國民義務的祖國台灣，奮戰到最後一刻？

到底要用怎樣的觀點來看待鄰國？

最後，我不免俗地要透過鍾萬學的落選與判刑，順道談談「以人為本」的新南向政策。首先，很多台灣人還不知道要尊重我們鄰國的「友人」與「他人」。請回想去年泰皇過世、泰國舉國哀悼之際，台灣某些媒體與網路鄉民，卻對泰皇家務事說長道短，繪聲繪色地描述各種陰謀論，甚至肆意批評泰國的政體與國家制度。這樣自大且無理的舉止，不但傷害台泰兩國的民間友誼，更逼得泰國駐台代表處公開出來抗議！現在，針對印尼國內自己的一場選舉、一項司法判決，希望台灣人能夠學到之前的教訓，別再用自己的價值觀，硬套在他人的國情與法律之上，將印尼民意與司法體系的判決，解讀為如喪考妣的世紀悲劇，反而傷害了印尼與台灣之間，正在發展且日趨緊密的關係。

當然，在學會尊重他人之前，也請搞清楚誰是「自己人」、自己是「哪國人」，不要妄想利用一個以血統來定義、事實上不存在的「大中華」，做為與東南亞國家之間的聯繫方式。如果我們繼續高唱「華僑」「華人」「炎黃子孫」這些論調，視為我們與東南亞國家裝熟、攀關係的捷徑，不但是在僭越鍾萬學等華裔東南亞人的國家認同，也是在幫另一個華人占多數的國家競爭者，在東南亞這片天地裡造橋鋪路、替他人作嫁。每天妄想透過「華人」這層關係打入東南亞市場的人，你難道忘了最多炎黃子孫的，就是對我們最不友善、每天在東南亞跟我們台商搶飯碗的那個國家嗎?別因為「華人血統」這類的理由，左右了我們的理智，失去了對其他國家的應有尊重，以及忘了我們自己是誰。

INDONESIA

05

過去獨步全球之印尼奇景

玩命關頭之火車衝浪手

「這……怎麼可能!?……我的印尼火車怎麼變得不一樣了?」

才不過幾年光景，我重返第二故鄉雅加達時，卻發現雅京通勤火車已經變得跟台鐵區間車相差無幾。整潔、乾淨、準點，甚至直逼台北捷運的水準。

遙想當年我在國立印尼大學求學時，印尼火車可不是這般無聊的光景。沒有冷氣的柴油車廂內歡樂無比，有大人、小孩，有雞、羊;有沿車廂叫賣的小販，還有直接將整組音樂器材搬上火車，在車廂內表演後收費的街頭藝人。

至於火車外，更是熱鬧非凡！最引人注目的，莫過於西方人稱之為「火車衝浪者」（train surfer）的便車客；這些藝高人膽大的印尼八嘎冏，發揮各種大顯神通的攀爬技巧，時而端坐車頂、時而吊掛車窗。正所謂高手藏於民間，印尼人日常生活中的功夫底子，就是這麼硬！無怪乎能夠拍出像是《全面突襲》這系列膾炙人口的功夫鉅片！

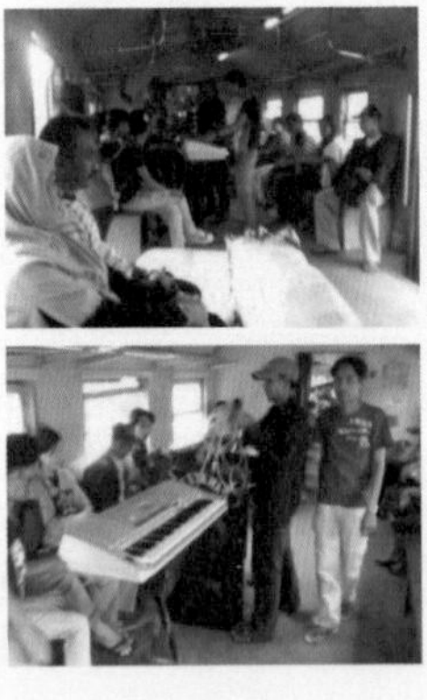
我於二〇〇八年在通勤火車上遇見的街頭藝人。

話說火車衝浪者的存在，是有典故的。早年印尼交通不夠發達，來自鄉村的貧困農民，若是要前往雅加達等大都市發展，勢必要搭乘火車。然而就像台灣一樣，印尼採用的是日治時代遺留至今、寬度為一〇六七毫米的窄軌，擴建較為困難；運量有限，也就難以因應在都市與鄉村間往來的龐大人口（畢竟印尼是世界人口第四大國啊！）。很多擠不上火車的年輕人，只好爬上車頂或是吊掛在車窗外。隨著掛在火車外的乘客越來越多，一方面載重吃緊，火車無法提升速度；另一方面國營的火車公司也不想鬧出人命，只好放慢行車速度，避免火車衝浪者跌落軌道上，死於非命。於是，火車速度越慢，就有越多的乘客去爬火車；越多人攀爬，火車的行駛速度就只能放得越慢。在這樣的惡性循環下，造就了印尼獨步東南亞的火車衝浪奇景。

靠著印尼人團結、友愛的精神，火車衝浪的現象，就在亂中有序的奇妙平衡下，一直被延續著。舉例而言，如果車廂內很擁擠，卻又有來自鄉村的農民，提著大菜籃、趕著鴨或牽著羊，試圖進入車廂之際，就會有車廂內的年輕男子自告奮勇地爬上車頂，空出車廂內的空間給乘車的農民。這就是火車衝浪者行俠仗義的信念：農民帶著雞鴨蔬菜進城趕集，賣得到好價錢，就可以換來一家老小的溫飽。天大地大，養家餬口的最大！「爬個車頂衝個浪，也沒什麼啦～」

另外還有一個不成文的規定，就是沒進車廂的，就不用買票！各位可以試想以下對話：

閘口收票員：「先生，您的車票呢？」

火車衝浪者：「我沒有票。」

二〇〇八年火車衝浪者的大顯神威。

收票員：「坐火車怎麼可以不買票？」
衝浪者：「你哪隻眼睛看到我『坐』火車了？我又沒進車廂！」
收票員：「……」
收票員：「那……你至少有『搭』火車，那就應該買票。」
衝浪者：「我『搭』在火車外面而已，又沒進去、沒影響火車。」
衝浪者：「有沒有我，火車都得走！憑什麼要我買票？」
收票員：「……」

經過一次又一次這種鬼打牆式的辯論，國營鐵路公司的收票員也懶得再問了！於是每次火車到站後，有坐車廂內的就乖乖繳票，搭在車外的英勇衝浪者們，就大搖大擺地免票走出閘門，形成了「一車兩制」的特殊奇景。

就像台灣前國防部長所說的：「哪個地方不死人？」但是這種情況造成平均每一個禮拜就死一個人（通常是因為摔下火車，或是誤觸高壓電），這樣下去也不是辦法。況且，隨著雅加達等大都市的塞車問題日益嚴重，火車與通勤列車勢必要提升速度並提高運量，那就得禁止火車衝浪的行為。於是二〇一二年起，從雅加達的通勤鐵路沿線開始，鐵路公司展開了一連串取締火車衝浪者的行動。

然而，雅加達直轄市政府礙於選票壓力，不太敢得罪坐在車頂或攀在車窗的選民，轄下的大雅加達警察總局更因為衝浪者人多勢眾，自己相對之下顯得勢單力薄，從一開始就不想蹚渾水、涉入取締火車衝浪者的行動。於是，鐵路公司只好展開一連串的自力救濟。首先，鐵路公司在車站月台上方架設圍籬，阻止乘客爬上車頂，但是效果非常有限。一方面，很多衝浪者根本就不是從車站月台，而是從鐵路沿線的平房屋頂，直接跳上慢速行駛中的火車；另一方面，死硬派衝浪者則利用油壓剪，破壞

看似危險橫生的火車衝浪者的不得不然。

了月台圍籬，讓同好們可以悠哉地在車頂上繼續衝浪。

於是，鐵路公司展開了第二波的行動，那就是在火車車頂與側邊塗油，意圖讓衝浪者坐不穩、抓不緊，掉下車底。然而，印尼位處熱帶，物產豐饒，年可三穫；什麼東西不多，就是樹葉和稻草最多！於是，一位又一位的衝浪者，不是在火車車頂上鋪稻草、安坐其上，就是在吊掛車窗外時，手中抓著大把樹葉。反正就是你有張良計，我有過牆梯；資深的火車衝浪者甚至還透過媒體向政府放話，表示：「鐵路當局試過各種方法，每次到最後，還是我們（火車衝浪者）獲得最後勝利！」

眼看著即將敗於火車衝浪者之手，鐵路公司的管理階層只好求助於私部門的公關公司。在公私部門的通力合作下，他們想出了一個奇招，就是在火車通過的路廊上方，掛上了幾顆實心的混凝土球。

這些混凝土球的作用是什麼呢？當然就是要把火車衝浪者給打下車啊！這其中的奧妙，在於混凝土球相當堅固且沉重；當火車行經混凝土球下方時，前端的火車衝浪者勢必要推開它們。然而，前面的衝浪者一推，混凝土球就會像鐘擺一樣來回擺動，進而擊中後方的火車衝浪者，讓前端的衝浪者背負「陷害手足」「殘殺忠良」等罵名。

由於印尼爪哇的傳統文化，一直都強調社群內部的團結，重視分工合作（*gotong royong*）的精神，那麼在前端的火車衝浪者，又怎麼忍心親手推動重球，將自己的夥伴給打落火車呢？所以從此之後，放蕩不羈的衝浪者開始改過自新，車廂內的乘客也開始過著幸福快樂的日子。由於車頂上的「浪」子們大幅減少，雅京鐵路公司也得以大張旗鼓，從日本增購電聯車，汰換原本沒冷氣的柴油列車（也就是火車衝浪者最心愛的坐騎），並全面提速，讓衝浪者更難以駕馭時速近百公里的進口名駒（想像

感謝台裔美籍工程師藝術家Wei-Hann Chen的妙筆生輝！

一下西部牛仔原本英姿挺拔地騎乘小毛驢，卻突然被迫馴服於國外名種的蠻牛或野馬，最終被摔到吃土，黯然離場的畫面……）。於是，我們就看到了今天媲美東亞各國，煥然一新的印尼火車運輸系統。

事實上，除了軌道公共運輸系統之外，印尼近幾年來在各項重大基礎建設，包括鐵公路、海空港、電網鋪設與河川整治等等，在質與量上都有大幅的進步。爪哇文化推崇謙卑寡言、強調默默耕耘，所以印尼人一向不會喊什麼偉大的口號；當這些深受傳統文化洗禮的菁英，習得了先進國家的經營管理模式時，真要做起事來，就會劍及履及、突飛猛進。以雅京鐵路公司為例：警察不想管，我就找私部門來管！叫你下來，你不下來，我就把你打下來！從頭到尾就是以務實為考量，直接開幹！我撰寫此文之際，正適逢桃園機場再度出包，淹大水、漂大便，對比台灣政客的乘機搏版面、噴口水、造口業，當代印尼大眾運輸部門只做不說、至死方休的精神，或許值得我們借鏡。

INDONESIA 06

阿宅的雅加達速食愛情

話說我當年在國立印尼大學求學、修習印尼文的時候，跟班上兩個同學還挺要好的。一個是來自中國北京的張同學，另一個則是來自韓國釜山的金同學。下課休息的時候，我們三個男生常常在印大校園內的小吃部（*kantin*），抽菸、喝咖啡，偶爾用印尼文東扯西聊個幾句，享受印尼式的慵懶時光，好不寫意！

金同學是韓國某大企業派駐在印尼的幹部，來到印尼已經三年了。在我眼中，他是一個典型的單身阿宅；平常話不太多，中午放學之後也都是匆匆趕回去公司上班。只不過有一陣子，原本幾乎不跟女生說話的金同學，突然變得積極、主動，一下子請班上的韓國女同學喝飲料，一下子又拚命找隔壁人類學系的印尼女同學問功課。雖然技巧略顯生疏，但是我看得出他發自內心的春心蕩漾。

又到了下課時間，我們三個照例在校園小吃部抽菸閒聊。我問金同學：「金哥，最近你很多行動喔～看你變得好積極，一直在把妹。有成績了嗎？」

霎那間，金同學露出了些許無奈的臉色，抽了一口菸，他緩緩說道：「唉～沒辦法。下個月就是*Bulan Ramadan*（齋戒月），我要趁這個月，趕快交到女朋友啊！」

齋戒月跟交女友有什麼關係？我一臉疑惑，卻見到旁邊的強國張同學，露出了一抹會心的微笑。

「你不懂嗎？看來你不了解雅加達。讓我來告訴你這個城市的真面貌。」金同學開始緩緩道來……

金同學三年前剛到雅加達時，就真的是一個阿宅！凡是阿宅，必定會有心中的夢中情人，而且一定是愛在心中口難開。金同學也不例外。他喜歡上隔壁鄰居、一個華裔印尼人輕熟女。不敢開口的他，某次藉著去隔壁超商買東西的機會，藉故跟輕熟女的弟弟、就讀印尼某大學理工系的東尼攀談起來。同樣是理工背景，又同樣喜歡打電動，慢慢地，金同學跟東尼成了好友。於是有一次的週末晚上，東尼開口邀約：

「金哥，今天晚上我要去舞廳，要不要跟我去見見世面？」

金同學聽到，頓時心中小鹿亂撞，心想搞不好東尼的姊姊、他的夢中情人也會一起去。掙扎了兩秒鐘後，金同學就答應了。

當晚，金同學穿上了三排扣的西裝，抹上髮膠、梳了中分的油頭，坐在家門口等待東尼的到來。東尼的車開了過來，金同學上了車，開始尋找夢中情人的蹤影。想當然耳，阿宅的宿命之一，就是「凡有期望，必定落空」。車上不但沒有輕熟女姊姊的美麗倩影，而且坐在車裡的四個人。

全部都是男人！

全部都是男人！

全部都是男人！

「嗯～這個……東尼……ㄟ……沒有女生要跟嗎？」金同學怯懦地提出了疑問。

「去舞廳，幹嘛帶女生去啊？？」東尼豪爽地回答。

車子開到了雅加達中西區交界之處，高速公路三叉交流道附近，到了一整排陰暗的透天厝（*ruko*）前面停了下來。五個人打開門，進了去；相較於外面的陰暗，裡面卻是別有洞天。

映入金同學眼簾的，是不斷閃爍的霓虹燈、震耳欲聾的電音舞曲，再加上滿坑滿谷的短裙爆乳辣妹!!!在中央大舞池旁的沙發區，五個人坐了下來，開始點酒喝。學生時代在釜山的夜店，金同學曾經歷跟女生搭訕、卻慘遭臭臉打槍的慘痛經驗，因此他這時緊張到不敢言語，只能猛力搓著不斷冒汗的手心。

令人意外的是，這些妹不用搭訕，自己就過來，很熱情地拉著金同學到舞池跳舞！在這個穆斯林占多數的國家，想不到年輕女生這麼主動開放！！跳完舞、回到沙發坐下，酒酣耳熱之際，金同學想說基於禮貌，就開口請旁邊的女生喝杯啤酒。

「你不要請我喝酒，請我喝運動飲料就好。這樣我下面會比較X。」

金同學就差沒把口中的啤酒給吐了出來！轉頭一看，同行的四個男生，不是在喝紅牛提神飲料套黑啤酒（據說是當地人的壯陽祕方），就是雙手不安分地在女生身上亂摸。剎那間，金同學好像了解到自己來到了什麼樣的「舞廳」。

「什麼時候要上樓，跟我講一下。」旁邊的爆乳辣妹輕聲告訴了金同學。

「上樓幹嘛？」金同學小聲問道。

「房間都在樓上啊！你可以選擇不同形式的房間，豪華型的價格會比較高。但是小姐的價格都是一樣的。」

原來，這就是印尼雅加達其中一種的「舞廳」（*diskotik*）形式。透天厝的一樓是舞池跟沙發包廂，樓上就是房間；舞池裡面跳舞、喝酒，跟男生聊天的小姐，幾乎都是做性服務的。只要看對眼，就可以帶到樓上辦事，全程大約五十分鐘。另外，男客人也可以到櫃台，依據照片來挑選小姐，或者直接請媽媽桑介紹小姐來服務。

第一次的經驗非常美好！小姐在房間內溫柔地幫彼此褪去衣衫，接著就幫金同學洗澡，然後就是那些讓人臉紅心跳的服務……金同學似乎忘記了夢中情人輕熟女姊姊，從此開始流連在雅加達夜晚的特色「舞廳」。一開始的幾次，金同學還會拉著東尼，請東尼帶他去嘗鮮。畢竟，理工背景的東尼告訴他：因為班上沒什麼女同學，他們這些念大學的理工男，課餘的主要休閒活動，就是一起騎機車去這種舞廳玩！

聽到這裡，我心中也不禁暗暗稱奇：「印尼阿宅下課後不打電動、不去聯誼抽機車鑰匙（被妹打槍），反而集體騎車去XX……」順便對台灣阿宅的命運感到憐憫。

「其實也不一定要一群男生一起去啦！」金同學繼續說道：「像我後來都是選平常非假日的時段，例如中午吃午餐的時間，一個人溜去這種地方消費。白天的時間去，一大堆小姐們都躺在沙發上發呆、玩手機，等客人來。她們不但沒有被強迫，而且還急著多找一些賺錢機會。」

「我去消費，覺得很心安理得。印尼這個國家的人口非常多、勞動力過剩，我幫這些女性創造工作機會，也是促進本地的經濟發展。」這段話讓我更佩服了金哥：理工背景出身，卻能夠對總體經濟議題有這麼深刻的見解，難怪南韓的經濟發展會超越台灣！

「我也是啊~不過我比較喜歡去『有女人』（*ada cewek*）的按摩店或三溫暖，而且我都是一大早去，去*sarapan*（吃早餐），完事後再去上班或上學。」家鄉在天子腳下的張同學，突然接了話，害我嚇了一跳！我轉頭打量了身材瘦弱、臉色有點蠟黃的張同學，才恍然大悟：「早餐很重要，卻想不到他都是這樣吃早餐的，難怪身體看起來這麼不好！」

張同學可能感佩於金哥的坦承，於是也聊了開來。「如果是南區或新興金融商業區，服務的客層多為歐美人士，或是金字塔頂端的原住民印尼人。這種地區的性工作者，大多是在高級大飯店或俱樂部的個體戶，或是靠經紀人來幫忙牽線、拉客。做這行的，除了從……嗯嗯……某些東亞國家來的女生之外，也有很多是小模，甚至是本地藝人。」張同學講到「個體戶」與「小模」這些強國用語，還特別向我求救，讓印尼文程度比較好的我，來幫忙翻成印尼文。當然，我心裡也知道他剛才因為尷尬而沒有說出口的「某些亞洲國家」，指的就是中國、韓國跟台灣，我們三人剛好一人包一個！

金哥這時候插話：「不是只有南區啦！其實雅加達東、南、西、北、中這五個區*，到處都有色情行業，有些甚至還以按摩店或護膚店的名義，隱身在住宅區（*perumahan*）裡。只不過外觀通常很低調，外行人看不出來。」金哥可能覺得張同學正在質疑他的專業，憤而回擊。

張哥（這時候我發現前面兩位都是專家，為了表示敬意，一律從同學改稱為「哥」）也不甘示弱地回答：「我知道啊~所以我說是看地區的不同嘛！如果是最蓬勃發展、花樣最多的，就是在雅加達的北區或舊城區。這些地區的華裔較多，因此經營這行的，大多是印尼華人。所以，如果你不確定這家按摩店或三溫暖有沒有做特殊服務，就走進去看看。如果櫃台有在拜關公的，那通常就是有在經營特種行業。」這時，我口頭上雖然佩服張哥善用人類學與文化研究上的田野調查方法來探索真相，但是心裡卻不禁嘀咕：「特種行業不是應該拜豬八戒嗎？怎麼變關老爺了？這些印尼華人是不是把《西遊記》看成《三國演義》了啊？關二爺可真是冤啊～」

為了證實所言非虛，張哥開始描述了雅加達舊城區，一家以M字母開頭、名稱非常像某知名香菸品牌的綜合性大型娛樂城（我年少無知，對性產業所知有限，不知道這類場所的當地名稱，故權且以「娛樂城」稱之）。整棟高約六層樓的大樓，位於舊城區的最主要幹道 Jl. Gajah Mada 上，外表就是一般的霓虹燈招牌，內部卻暗藏玄機。大樓內劃分為酒吧區、現場演奏區、三溫暖區、按摩區、卡拉OK區，每種各自兼具不同的娛樂功能。

但是各區之中最特別的，就是有著巨型伸展台的舞廳區！年輕貌美而身材曼妙的幾位印尼小姐，在伸展台上隨著音樂擺動，接著一件件地褪去衣裳，最後

＊ 事實上，雅加達是一個省級單位，全名為「雅加達首都特別區」（*Daerah Khusus Ibukota Jakarta, DKI Jakarta*），下有：中雅加達市、北雅加達市、西雅加達市、南雅加達市與東雅加達市五個市級單位，與外海的千島縣（Kepulauan Seribu）等六個縣市層級單位。這邊將雅加達下轄單位稱為五個區，只是方便華人世界對首都轄區的劃分用語。

一絲不掛地站在舞台上。如果台下的看官看對了眼，隨時可以把舞孃叫下伸展台、帶到房間裡去交易。另外，還有「國際展覽區」，有來自中國、越南、哈薩克、東歐等各地的小姐，任君挑選。「而且，媽媽桑還是從中國福建來的，會說中文喔～」張哥用中文跟我特別強調了這點，畢竟人不親土親。

聽著張哥講到口沫橫飛，我忍不住打斷他，回頭問金哥：「好吧～我知道你們都很專業，身體也都很好。但是，這些跟你急著在伊斯蘭教的齋戒月前交到女朋友，又有什麼關係？」金哥這時候深深地吸了一口菸，緩緩說道：「因為依照慣例，所有的娛樂場所，在齋戒月的一整個月期間，全部都暫停營業！」「我要趕著交女朋友，是因為要儲備存糧、好過冬啊！」

果然是士隔三日，就必須刮目相看！金哥早已不是當年那個只會默默暗戀之後、被正妹發好人卡的阿宅，而是一位深謀遠慮的情場（歡場？）高手，懂得替長遠的將來（其實也只有一個月）做出完善的規畫！他的答案雖然讓我恍然大悟，卻也帶來更多的疑問，讓我更想了解這個給大家保守形象的穆斯林世界，在實際上又是非常世俗化的萬島之國。於是，我一方面在網路上蒐集過往的資料，一方面請教我在印尼媒體界的朋友，找出了為何特種行業在齋戒月會停止營業的答案。

原來，在蘇哈托專制獨裁、貪汙腐敗的「新秩序」（*Orde Baru*）時代，親美的軍方勢力以維護國家世俗化、捍衛多元宗教等名義，一直打壓基本教義派的伊斯蘭勢力。其中，更是有不少的軍方將領，直接插股於雅加達的特種行業，坐收暴利。直到蘇哈托倒台後，諸如「伊斯蘭捍衛者陣線」（Front Pembela Islam, FPI）等基本教義派團體興起。在他們的眼中，色情業者膽敢在強調「節制、禁欲」等生活規範的齋戒月開門營業，可說是觸犯了宗教上的大忌！

於是，凡是在伊斯蘭教的齋戒月，若是有從事色情的按摩店、三溫暖，或是舞廳開門營業（有沒有色情活動，由這些強硬派團體自行判斷），這些團體就會號召大批群眾（有時候會多達數千人），到這些營業的色情場所，痛毆業者、砸毀店面。由於印尼已經是民主國家，但是法治觀念尚未成熟，再加上若干警員確實會收賄、包庇色情業者，因此警方與市政當局也不敢大規模偵辦這些施暴者，以免引發更大規模的民怨，並觸怒基本教義派與政府直接對幹。久而久之，這些業者也就懂得自動在每年的齋戒月到來之際，放小姐們回家休假，暫時歇業。於是，在既得利益者與基本教義派之間、在宗教尊嚴與民生經濟活動之間，雙方取得了妥協性的平衡，形成了「舞照跳、妓照嫖，但是齋戒月免談」的雅加達特殊景象。

所以，這帶給各位看官什麼啟示呢？首先，這驗證了不論是在政治或經濟層面上，「妥協」一直是印尼人處事上的一項基本原則。再來，在印尼這樣的國家，絕對要尊敬當地的一些慣例，特別是如果牽涉到宗教相關的事務；印尼人最不願意妥協的一件事，一定是宗教至上的建國原則！最後，希望各位男性看官到了雅加達之後，都能守身如玉，切勿涉及上述各種風花雪月的場所。若是真的奇癢難耐，也最好找識途老馬（特別推薦深諳此道的韓國與強國友人）帶隊前往，以免觸犯禁忌，得不償失！

PART 02

跨出第一步，積極南向印尼

INDONESIA

07

給人面子，才能賺到裡子

從印尼移工輸出看新南向政策

二〇一六年五月，台灣媒體報導印尼即將停止輸出「印傭」的新聞，在輿論界引起軒然大波。外界普遍認為此舉將對蔡英文政府提出、林萬億主導的社會安全長照政策，帶來負面影響。此外，我進一步擔憂的，則是印尼一旦停止輸出勞動力、台灣不再替印尼創造就業機會，則日後台灣向印尼商討採購天然氣時，手中的談判籌碼大減，很可能衝擊到核四封存後的整體能源供應。有鑑於此，勞動部立刻對外表示：「會積極與印尼溝通協調。」然而，我們的政府單位在關起門來，自己對自己做出所謂的因應對策之前，產官學界或許應該先了解印尼官方與民間，對印尼移工議題長期的觀點與當前的立場。

長期以來，遠征海外的印尼移民工，在該國享有「外匯英雄」（*pahlawan devisa*）的美譽。這些印尼婦女很多都已婚並育有子女；她們拋家棄子、孤身在外打拚，藉以支應家庭的生活開支、子女的教育經費。然而，印尼民眾眼中的民族英雄，卻在某些國家沒有獲得應有的尊重。特別是在中東國家，由於制度上欠缺民主法治，再加上宗教極端勢力的抬頭，女權普遍低落。以沙烏地阿拉伯為例，沒有雇主的允許，印尼籍的家事幫傭不准離開家門，雇主毆打、強暴印傭的事件屢見不鮮；然而，該國的法庭判決，卻總是偏袒沙烏地籍雇主，甚至反過來譴責印尼籍的女性受害者「裝扮輕浮，誘人遐想」。有鑒於此，印尼民間社會對政府多有責難，認為執政當局沒有善加照顧這些勞苦功高、替印尼經濟創造巨額收益的巾幗英雄。

到了二〇一五年，印尼的遠親近鄰、勞工輸入大國的馬來西亞，一則「現在就炒了你家印傭」（Fire Your Indonesian Maid Now）的吸塵器廣告，更讓印尼社會感到英雄受辱，而讓累積已久的不滿情緒瞬間爆發。面對沸騰的民怨，印尼政府在當年便決定正式發布《勞動部第二六〇號法令》，明確列出了十九個不再輸出家事幫傭的中東國家。至於中東地區以外，則依個別國家對待印尼移工的情況，「彈性調整」。此外，印尼政府也透過多方管道，強調日後將從低技術性的家庭幫傭，轉為輸出附加價值較高、包括居家看護士在內的各種技術性人才。怎料，由於印尼文翻譯上的失準，再加上台媒到處亂抄新聞的惡習，以訛傳訛、最終變成了「印尼停止輸入外勞到台灣」；逼得中央社駐印尼的記者，必須當面詢問印尼當局的主管官員，釐清事件的來龍去脈。

其實，台灣社會每天「印傭、印傭」喊個不停，習慣成自然，讓我們忘記了依照台灣法令規定，目前在台灣的絕大多數印尼女性移工，根本不是印尼政府需要減少輸出的「家事幫傭」（*penata laksana rumah tangga, PLRT*），而是職司照顧失能老人或殘障人士，具有一定技能水平的長照看護士（*perawat lansia*）。不健忘的讀者，可能還記得藝人帶外籍看護士參觀阿帕契直升機；藝人夫婦公然讓看護士在公園提重物、伺候小孩；甚至有些藝人偽造巴氏量表，以看護老母親的名義，讓看護士從事非照護工作在內的非法勞務。最終這些鎂光燈下的上流人士，都因違反《就業服務法》，讓專業看護士從事非看護性質的雜務，因而遭受到被罰款、甚至被起訴的命運。

既然印尼停止輸出的是家事幫傭，不是台灣所引進的居家看護士，且目前只針對人權紀錄欠佳的特定中東國家，那麼台灣實在沒有必要窮緊張；畢竟，移工輸出對印尼來說，是政治議題，更是面子問題。如果我們能夠「以人為本」，尊重這些印尼看護士，明確界定她們專業人士的工作性質，幫印尼政府舒緩國內的政治壓力，則印尼政府勢必不會減少輸台看護士的配額。反之，如果我們繼續踐踏人性尊嚴，放任仲介的剝削，讓看護士去伺候家中的小屁孩、大少爺，成為印尼官民眼中踐踏巾幗英雄的加害者，久而久之，印尼政府必定祭出負向調整政策，停止對台輸入看護士，屆時勢必重創台灣的長照與能源供應。

因此，要符合印尼政府對於輸出技術性人才的相關規範，我們應先檢討：對於這些需要一定技能的看護工，台灣目前是否有適當的機構，提供她們應有的專業培訓？台灣對外籍看護士的引進與培訓，長期以來都是由良莠不齊的仲介業者所把持。這些仲介對看護士所進行的「培訓」，大多就是教導她們說簡單的國、台語（還不包括教她們中文的讀寫，因為大多數仲介業者不認為外勞有能力學會閱讀與拼打中文字），再加上學習打掃、買菜、煮飯等等與居家看護無關的雜務。量少且質劣的培訓，卻可以對看護移工收取巨額的仲介費用，迫使很多移工在工作開始之前就已負債累累。可悲的是，相較於沒有選票的移工，政府選擇屈從於政商關係複雜、具有選票動員能力的仲介業，始終無法整頓這個龐大的利益共生集團。值得慶幸的是，接下來出手的是不須面對台灣選票壓力的印尼當局，他們將會把國民英雌送來台灣。我國政府大可借力使力，趁機整頓拿錢不辦事的仲介業者；甚至廢除仲介制度，由我國外館與東南亞國家的勞動主管機關合作，直接負責看護移民工的引進作業，將移工仲介產業這個龐大的剝削集團，連根拔除。

那麼，如果欠缺了仲介業者，應該由誰來培訓外籍看護工？日、韓等國的經驗，可以做為我們的借鏡。由日本政府出資、具備半官方性質的財團法人「海外產業人才育成協會」，長期替日本政府培訓來自東南亞國家的中、高階技術人才，包括從軟硬體電子工程師，到看護師與護理人員不等。經過了短期但專業的培訓，原本單純的移民工勞動力，成為了具備看護技能的專業人力，不但讓長者們獲得了更有保障的看護照料服務，工作期滿的看護士在返回母國後，更得以成為種子教官，將專業技能與寶貴的實務經驗，傳授給在印尼國內的看護工作者。看到了日本與印尼的成功合作案例，南韓隨之跟進。於是，當我就讀國立印尼大學時，校方的教材與出版品，就不斷強調印尼與日本、南韓在醫療與護理領域上的成功合作案例，並感謝這兩個東亞國家對印尼的醫療與護理技術提升的貢獻。

近年來，由於少子化的影響，台灣大專入學人數銳減；流弊所及，很多大學與專科逐漸面臨了講師與教授過多、英雄無用武之地的窘境。事實上，台灣的大專院校（或許還包括小英總統想要重振的技職體系）在醫療與護理等領域的水平上，不但贏過南韓，甚至直追日本。我們大可讓醫療護理相關大專院校的教授、講師與研究生們大舉南進，分別在印尼當地與台灣本地，提供印尼看護士的居家看護課程培訓，直接汰換並取代仲介業者良莠不齊的訓練。印尼政府已經放話：日後要輸出的是附加價值較高的技術性人才。我們由大專院校出面培訓長照看護士，這夠專業了吧？另外，把我們口中的「印傭」「外勞」，升級為專業的居家看護士，更是給足了印尼巾幗英雌們面子。

更何況，不用擔心專家學者們不願意做，因為台灣大專院校還享有「搞鬥爭」這項歷史悠久的專業技能。反正新南向辦公室已經嗆明了：以後成立的新南向智庫，找的會是外國籍的專家學者，本國籍教授們如果不願走出辦公室、走入印尼當地、走近移工社群，日後勢必只有枯坐辦公室、在學術象牙塔裡搞內鬥的份。不如由政府出錢畫餅，那麼大專院校為了搶食新南向與長照政策這兩塊大餅，就會紓尊降貴，將移工仲介與培訓的業務整碗捧去，並出手鬥垮握有選票的仲介業者，進而讓社會工作者不用繼續跟仲介業者纏鬥，將有更多的餘力去照顧移工的福祉。

可惜的是，目前的新南向政策，尚停留在「只聞樓梯響，不見人下來」的草擬階段；口號喊完了，牛肉卻一直遲遲端不出來。問題的關鍵在於，主政者尚不了解手中握有的各項資源，沒辦法將衛福（長照政策中的外籍看護角色）、教育（大專院校對看護士的培訓能力）、能源（我國政府在進口印尼天然氣時的談判籌碼）等各個領域結合到新南向政策中，做出通盤且整體的規畫。如果連對國內相關領域都還不了解，就更不用奢求我們的主政者，能理解印尼在移工輸出政策上的態度與立場了！其實，只要我們能尊重在台看護工的專業與人格，娘家的印尼政府就能更從容地面對輿論責難、紓緩選票壓力，也才能一步一步地端出台灣想咬下去的牛肉。換言之，你要搞懂人家，把別人當人看；給了印尼官方與民間面子，人家才會給你新南向政策想賺到的裡子！

INDONESIA

08

印尼恐攻2.0版

從「菁英聖戰士」到「參與型恐怖主義」

二〇一六年一月，事隔七年，雅加達再度遭受恐怖攻擊。在舉世震驚、各國領袖紛紛譴責之際，印尼國內卻顯現出一股詭譎的氣氛；畢竟，這次恐攻與以往印尼所發生的類似事件，有著許多迥異之處，造成當地輿論難以驟下定論。

首先，這次恐攻的地點並不是發生在號稱「印尼天龍國」、有著大批「高級外國人」聚集的雅加達南區，包括蘇迪曼（Sudirman）與古寧岸（Kuningan）等跨國企業進駐、高級酒吧林立的新興商業區，而是出現在逐漸沒落、印尼中產階級流連於此的雅京（首都雅加達的文言文稱法）中區。恐攻現場的這家星巴克，是雅加達少數二十四小時營業的咖啡廳，很多印尼中產階級的文青於週末夜晚，在此徹夜喝咖啡閒聊；一旁的莎莉娜（Sarinah）百貨公司，以販售印尼傳統工藝品聞名；對面的椰城戲院（Djakarta Theatre），肇建於印尼獨立建國之初，堪稱雅京的文化遺產；至於媒體所宣稱的聯合國代表處，則遠在唐林大道（Jalan Thamrin）對街的建築物後方。換言之，這次恐攻的地點，並不同於以往恐怖分子所宣稱、「西方人與異教徒巡行傷風敗俗之舉」的場所，反而是在代表印尼本國文化的象徵地。

其次，過去的峇里島夜店街與雅加達澳洲大使館爆炸案，皆憑藉著設計精良的汽車炸彈與訓練有素的恐怖分子，靠著極低的人力成本，卻能造成極大規模的傷亡。相較之下，此次恐怖攻擊出動的人數很多，引發的傷亡卻極少。五名恐怖分子斃命，卻只殺死了印尼人與加拿大人各一的兩名平民；被圍捕的其中兩名嫌犯，竟然跑到空曠的停車場，於小客車後方躲藏，最終還滑稽地自行引爆炸彈，寫下了「恐怖分子不殺無辜平民，只殺恐怖分子」的歷史新頁。散兵游勇、亂槍打鳥式的攻擊，讓目睹圍觀的群眾，一開始誤以為是一般的警匪槍戰，不少人還跟路邊小販點餐，準備一邊大快朵頤、一邊欣賞這些屁孩如何好好被警方修理一番。

相比之下，印尼過去由伊斯蘭祈禱團（Jemaah Islamiyah）*主導的恐怖攻擊，不論是從思想教育或戰術訓練的層次來看，都帶有更多的專業化與菁英化色彩。早從九〇年代末期，印尼本土的恐怖組織，就在鄉間以類似幫派吸收中輟生的手法，招募出生貧寒卻天資聰穎、崇尚英雄主義且堅信「參加聖戰酷到不行」的叛逆青少年。接著再以習經院（pesantren）**為掩護，閉門進行雙軌制的職前訓練，讓這些儲備聖戰士只需專注於兩大領域的學習：一方面，恐怖組織以被扭曲的、斷章取義的伊斯蘭教義，幫這些孩子們洗腦，灌輸仇視西方與異教徒的思想；另一方面，則是主攻化學、物理與數學（特別是三角函數）

＊編註：東南亞影響力最大的激進武裝組織之一，長期將成員送到阿富汗受訓，追求在東南亞建立一個「大伊斯蘭國家」。

＊＊伊斯蘭教系統的寄宿學校。

等學科訓練，讓這些聰明的孩子可以製造出最精良的炸彈，並鑽研如何讓炸彈碎片的投射角度與範圍，能夠殺死最多的無辜路人。

經年累月的訓練下來，這些年輕的恐怖分子蛻變為高損益比的殺人機器。在峇里島人聲鼎沸的樂吉安（Legian）夜店街，先是製造小規模爆炸，迫使驚慌的酒客逃竄並聚集到店門前的三叉路口，接著再以甕中抓鱉之勢，同時引爆周遭的數枚汽車炸彈，造成兩百零二人喪命（包括八十八名澳洲人）的慘劇。接著，早已提升警戒層級的雅加達澳洲大使館，則由一名恐怖分子單獨駕駛一輛廂型車，以精準的角度衝入大使館並引爆炸彈；殺死十一人的同時，更讓固若金湯的建築物前半部徹底崩塌。這一連串規畫縝密、設計精良的殺人暴行，迫使澳洲與美國插手干預，替印尼組建了「88特勤隊」（Densus 88）的反恐武裝力量，由美國聯邦調查局與中情局等特勤單位直接訓練，並提供各式的先進科技裝備。在跨國通力的合作下，88特勤隊屢建奇功，擊斃多名恐怖主嫌，並透過深入鄉間的情報網，掃蕩了多處以習經院為掩護的賊窟，摧毀掉正在孵化中的殺人機器。也因此，以「本土、定點、長期」為特色，菁英式的恐怖分子養成教育，近年來幾乎被掃蕩殆盡、瀕臨瓦解。

可惜的是，跨國恐怖組織伊斯蘭國（ＩＳ）的崛起，讓垂死邊緣的印尼本地恐怖組織，重獲一線生機；伊斯蘭祈禱團更以「相公厚我」的嘴臉，公開宣布與ＩＳ之間的結盟聯姻（其實是屈從、被收編）。自此，印尼的恐怖分支開始改版，更新了成員招募與任務執行的模式。過往1.0版的恐怖分子訓練，太過菁英導向且曠日廢時；警方一次成功的掃蕩，就可能讓多年的心血毀之一旦，投資風險實在太大！如今的2.0版，參照了ＩＳ在全球各地的招募方式，透過網路科技，吸引了眾多印尼鄉民與憤青的投入。更糟的是，在印尼這個全球人口第四大國，同時也是世界第四大智慧型裝置的市場，可上網的手機易付卡隨處可得；從印尼十年前跟台灣一樣的十碼手機門號，暴增到近年來的十二碼，可見上網型易付卡在市場上的浮濫。

偏激鄉民透過便宜、方便的網路資訊，浸淫於恐怖組織發送的暴力教條，並從相關網站或網路社群，習得炸彈製作的技能與槍枝購買的管道。接著，只要透過推特等社交軟體，聯繫到身在敘利亞、身為ＩＳ要員的印尼恐怖要犯納伊姆（Bahrun Naim），立刻就能被收編為ＩＳ分支成員，靜候指令，隨時參與恐攻行動。這種新型的人力資源運用模式，所培育的恐怖分子雖然素質良莠不齊，但是對恐怖組織而言，培訓成本極為低廉，且不受有形空間的限制，不易被特勤單位大舉偵破、一網打盡；再加上透過網路科技而擴大了參與面，「只要有心，人人都可以是聖戰士」，更讓一些原本就對社會高度不滿的鄉民趨之若鶩，親身響應ＩＳ「在世界最大的穆斯林國家，建立哈里發國*」的壯舉。

這次雅加達的攻擊事件，可能就是2.0版恐怖模式培育下的成果。網上招募的垃圾兵，挑選的不是具有聖戰正當性的異教徒聚集地，而只是就近尋找自己熟悉、保安層級較不嚴密的中產階級聚集地。如果讓疏於防範、沉溺在和樂世界的民眾幻想破滅，便成功引發了社會的恐懼與動盪，ＩＳ高層就可事後出面收割戰果，鞏固自身恐怖盟主的地位。在可預見的將來，這種低成本、高投資報酬率的經營模式，勢將成為在第三世界發動恐攻的主流ＳＯＰ；反恐聯盟內的各國，若是還侷限於打擊軍事行動上，不從網路、媒體與宣傳層面破解，勢必難以阻擋2.0版恐攻模式的蔓延。

看看鄰近的東南亞國家，再回頭想想台灣自己：網路成癮、奉行小確幸，貧富差距日益惡化、充斥著對時局不滿之鄉民與憤青，會不會成為下一波的恐攻對象、甚至是恐怖分子的培育溫床？儘管ＩＳ已經針對華人世界，推出了中文版本的招生影片，但是相信大多數台灣人的答案，依舊是「不會啦！」「怎麼可能!?」。畢竟，在恐怖攻擊發生的二十四小時之前，大多數雅加達人的答案，也是如此。

＊ 哈里發國（Khilafah），意指以伊斯蘭教律法代替世俗法律的神權國家。

INDONESIA

09

貪汙進化史

每次有業界的朋友想去印尼經商投資，第一句問我的話，通常就是：「印尼人是不是很喜歡貪汙？」「我如果不塞紅包，在印尼行得通嗎？」

坦白講，這個問題沒有確切的答案，畢竟世界上每個國家都有貪汙的官員，只是各國情節輕重不一而已。由於我的成長背景，曾經經歷過九〇年代、二〇〇〇以後，以及二〇一〇年後的當代印尼，因此姑且就以我切身的經驗，以及這幾年來是否經歷過不同的變化，來試著回答這個問題吧！

回想九〇年代初，我還是一名年少無知的小朋友。某個上班日的下午，我跟著媽媽去印尼雅加達的區公所辦戶口名簿（*kartu keluarga*）。說真的，戶口名簿也不是什麼大不了的文件；依照一般台灣人的邏輯，我們走到了區公所的櫃台，請櫃台的公務員阿姨幫忙辦理，應該不到十分鐘就可以完成吧？結果……

榮媽：「小姐您好，我們要辦戶口名簿。」

公務員阿姨：「我不要辦啦！我好累～～我想睡覺。」

榮媽：「……」

對於當時小小年紀的我來說，這段對話可真是嚇死本寶寶了！想不到公務員拒絕為民服務的理由，可以是「老娘想睡覺」！更何況這位公務員阿姨的罵街口吻，完全聽不出絲毫想睡覺的樣子。

榮媽：「……那……我們……」

公務員阿姨：「好了，別吵我……我要去睡覺了……」

正當公務員阿姨要轉身離去時，我媽一個箭步衝上前，握住了公務員阿姨的手，將一張一萬元印尼盾的鈔票（依照九〇年代前期的匯率，大約是一百五十元新台幣），塞到了對方的手裡。

公務員阿姨臉色趨緩，「好啦好啦～我幫妳弄。」

或許是只有一張一萬元的鈔票，略嫌單薄，仍舊聽得出公務員阿姨語氣中的不耐。接下來，公務員阿姨就開始了慢條斯理的打字與蓋章工作，並於十分鐘後辦好了戶口名簿；我媽媽依照慣例，將一張五千元印尼盾的紙鈔，折成比手掌略小的正方形，在拿到文件的同時，順勢將鈔票塞入對方手中，做為後謝。

類似這樣大大小小的貪汙索賄事件，在一九九八年之前、也就是蘇哈托執政時期，無時無刻不在印尼的各個角落發生；其中，又以交通警察索賄的情形最為普遍、也最令人痛恨，而且時常就堂而皇之地在天子腳下發生。

我在雅加達就讀國一、還年少無知時，搭著舅舅的車，經過市中心鄰近總統府的圓環。綠燈亮起，一整排的車輛通過圓環後，就突然冒出了八名穿著制服的交通警察，將所有通過綠燈的車輛全部攔了下來，直接開口要錢。在當時的印尼，交通警察貪汙索賄是常態，通常不需要任何理由。

一九九八年五月，獨裁者蘇哈托的政權垮台；然而，傳說中幸福美滿、社會充斥著公平正義的烏托邦，並沒有立即降臨。蘇哈托那些以貪汙腐敗而聞名於世的家族成員，例如掌控全印尼高速公路收費的大女兒杜杜特（Tutut Suharto），以及奢華成性、曾經買下義大利車廠藍寶堅尼當作私人玩具的小兒子湯米（Tommy Suharto），依舊在政界與商界維持著一定的勢力。也因此，在蘇哈托於二〇〇九年過世之前，印尼政府對貪汙腐敗的改善程度非常有限。不論是在首都雅加達、觀光勝地峇里島，警察與基層公務員的貪汙現象並沒有改善多少。

舉例而言，我於二〇〇八年身處觀光勝地峇里島時，員警索取「咖啡錢」（*uang kopi*）、收受賄款依舊是常態。在峇里島各大觀光景點，也就是觀光團的必經要道，常常可以見到交通警察攔下旅行團的遊覽車，藉故要查行照（*STNK*）與駕照，一查可能就是十幾、二十分鐘，等於變相扣留了遊覽車司機的行照與駕照。由於觀光旅行團要趕行程，時間緊迫，為了避免耽擱行程，最快的方式，就是司機在接受檢查時，於行照裡直接夾帶一張兩萬元印尼盾的鈔票（約為新台幣八〇元），再交給檢查「證件」的交警，就可順利且快速地過關。

除了旅行團，自由行的遊客也難以倖免，包括了所有貌似外國人的遊客。由於峇里島幾乎沒有大眾運輸工具，因此觀光客必須跟團、包車或是租借汽機車來代步。在風光明媚、四季如春的峇里島，最佳的通行選擇當然是機車了！

於是某一天，我跟我台灣來的大學同學，穿上了蠟染衫（*batik*）與短褲，花了一天五萬印尼盾（約兩百元新台幣）租了一台機車，開始準備全島走透透的行程。我們很有耐心地在十字路口等紅燈，享受峇里島的可愛陽光。綠燈一亮，我們跟著其他汽機車魚貫而行。想不到一過路口，就被警察伯伯攔了下來。

「Good morning，可以看你的駕照嗎？」警察先生客氣地用英文向我們問好。

「可以啊！警察先生，在這邊。」我用印尼話回答，並且給他看我的印尼駕照。

「啊！我以為你是外國人，想不到你有駕照！」警察先生露出遺憾的表情，心裡可能OS：「媽的～這個穿海灘褲的，竟然不是可以敲竹槓的外國觀光客。」

「警察先生，那我可以走了吧！」我心想反正有駕照，他能拿我怎樣！

「等一下，你剛才闖紅燈。」警察先生突然話鋒一轉，帶著笑容，提醒我他口中的「事實」。

「什麼？警察先生，我沒有闖紅燈啊！剛才明明所有機車、汽車一起過。如果剛才是紅燈，那怎麼其他人都沒攔，偏偏攔我？」我說。

警察先生遲疑了一陣子，接著用更客氣的語氣、更燦爛的笑容，開始解釋我闖紅燈的理由。

「*Aduh*～（哎呀～）你也知道，我們印尼警察的薪水不高。天氣很熱，我們也要喝個咖啡啊!!五萬盾（約新台幣一百五十元）就可以了！」

我闖紅燈的理由，竟然是因為警察先生想要喝咖啡！這應該是我聽過最霸氣的開單理由吧！不過現在可不是扮演正義哥、力抗貪汙員警的好時機。於是，我乖乖地依照慣例，將鈔票折成比手掌還小的尺寸後，塞到了警察先生的手裡。

「*Terima kasih, Pak*（先生，謝謝您）！您要往山上走嗎？記得小心騎喔！再見啦!!」

正所謂伸手不打笑臉人，看著警察先生滿臉笑容地恭送財神爺離開（他甚至還意思一下，在我發動機車之後，象徵性地幫我把機車推出去），我也不好意思再多說什麼，畢竟他是我這輩子見過最有禮貌，服務最周到的貪汙員警了！

幸好，印尼這種到處貪汙索賄的現象，近幾年來正不斷在改善當中。貪汙問題的趨緩，有幾個原因。

首先，就是蘇哈托倒台已二十年，舊政權裡面那些貪汙腐敗的官員，正逐漸從公務體系中退場；在後蘇哈托時代進入體系的公務員，比較不會因為官官相護的共犯體系，而被迫收錢。

其次，就是印尼的民主政治已經逐漸深化，媒體產業（包括網路論壇、社群軟體等新媒體）更極為發達；像現任總統佐科威這樣戮力掃除貪汙、又懂得利用網路媒體來曝光的政治人物，之所以大受民眾歡迎，也必須歸功於媒體這個第四權的有效監督。

最後，則是廉價智慧型手機在印尼的普及。印尼的人均所得不斷提升，雖然尚不及台灣的程度，但是對城鎮居民來說，要購買一支一百美元上下的智慧型手機，並不是太大的問題。在人手一機的情況下，官員若是敢索賄、敢收錢，隨時會被民眾錄影、錄音下來當作證據。數位科技的普及、日趨親民的價格，迫使貪官汙吏們收斂自己的犯行。也因此，對於改善印尼的貪汙，各大手機廠商確實有著不可抹滅的貢獻。話說回來，以二〇一六年為例，印尼市占率第二名的手機大廠，是來自台灣的華碩；換言之，我們台灣對改善印尼的貪汙，也是有貢獻的喔！

INDONESIA

10

欲拒還迎的商業表達模式

美國蘋果公司二〇一五年最重大的政策宣布，就是即將在印尼設立研發中心。消息傳出，引起台灣談話性節目的熱議，探討「為何蘋果要選擇印尼這樣的國家」，財經界則是佩服郭台銘的真知灼見，早在二〇一三就已經宣布鴻海在印尼的布局設廠；許多科技界的人才，更是摩拳擦掌，準備前往印尼大展拳腳。我在印尼當地工作、求學並觀察多年，對於蘋果決定在世界第四大的智慧型手機市場設立研發中心，並不感到意外；卻對台灣各界過於自信、樂觀，完全無視於競爭對手南韓的心態，深感憂心。

早在二〇一三年，鴻海就大舉押寶，預料當時的雅加達市長佐科威，將贏得二〇一四年的印尼總統大選。佐科威當選後，更邀請郭台銘參加就職典禮，雙方進入如膠似漆的蜜月期。不料，等到鴻海正式進入印尼市場後，雙方卻因為土地取得的問題，而陷入談判僵局。台灣的業界人士也一直搞不懂佐科威拐彎抹角的發言，背後打的到底是什麼算盤。

事實上，佐科威出生貧寒，從木材商做到小鎮市長，是典型的草根型爪哇政治人物。爪哇人的傳統文化，強調內斂、謙卑，將公開的逐利行為，視為一種道德上的瑕疵。具體的例子，就是印尼新政府一上任就開始放話，表示將停止引進印尼外勞赴台，然而佐科威卻又一再公開讚賞「對外勞友善的台灣，是印尼理想的外勞輸出國」；面對摸不著頭腦、始終做不出回應的我國官員，印尼政府最終攤牌，以東協老大哥的身分，聯合越南、泰國與菲律賓，逼迫台灣簽訂城下之盟，調漲全部東南亞外勞的薪資，讓台灣寫下對東南亞經貿史上最難堪的一頁。

所以，印尼文化裡這種欲拒還迎的表達模式，背後真正的意思，就是加價！

這也是為何早期台商赴印尼投資時，會有「印尼人工作態度差」的錯覺；因為印尼勞工的不告而別，大多是為了含蓄地表達加薪的訴求。我們的競爭對手南韓，每年都派出一百五十多名的大學生，到當地最高學府的國立印尼大學苦學語言與文化；做為日後韓商骨幹的他們，非常了解印尼當地的這種商界文化。

接著，我們來看看南韓開出了什麼價碼。南韓是印尼的第三大投資來源國，印尼則是南韓繼美國、中國大陸之後的第三大投資對象。早在二〇〇六年，南韓就在雅加達東郊的普羅瑪斯（Pulo Mas）新開發地區（類似台北的南港軟體園區），打造出一座高科技與經貿導向的韓國城；這個新市鎮以「印尼韓國世界貿易中心」為核心，結合了商辦大樓與住宅區，從規畫、施工到營運，都由南韓官方與韓資企業一手包辦，直接在雅京東郊提供了兩千個以上的就業機會。換言之，南韓早在鴻海向印尼政府索討免費土地的九年前，就直接送一座內科或南軟給印尼了！更不用說鴻海在晶圓代工的主要對手三星，搶先更早就在雅加達東郊設立手機廠，直接接下日後蘋果研發中心的當地訂單。在硬體層面，鴻海可說是屈居於絕對劣勢。

那麼在軟體層面呢？台灣有著眾多的東南亞新住民人口，本來可以靠雙語人才與跨文化溝通，享有相對於南韓的絕對優勢。然而二〇一四年九月，台灣媒體大幅報導一位新住民第二代、私立大學社工系畢業的台灣子弟，靠著「臨時向印尼媽媽惡補母語」，通過了製鞋大廠寶成的面試，並且因為「在不會講印尼語的眾多台籍幹部當中脫穎而出」，最後被印尼鴻海廠挖角，成為坐擁百萬年薪的高階主管。我同樣身為新住民第二代，發自內心地替這位台灣子弟的際遇感到高興。但是，其實不論在印尼還是南韓，通曉中文的人實在太多。此外這則報導，會讓對方馬上看破了鴻海與其他台資企業的手腳！南韓的官方、大專院校與民間企業，每年砸下重金，訓練出通曉印尼文或越南文的高科技與經貿專業人才。台灣卻想靠著欠缺科技與經貿專業背景，也沒受過正規的東南亞語言訓練，只以土法煉鋼方式自學母語的幾名大學新鮮人，就妄想打下東南亞六億五千多萬人口的市場。自曝其短，莫此為甚！也難怪韓資企業與印尼官方，根本沒把當地台商看成競爭對手，甚至連合格的談判對象都算不上。在軟體層面被韓商壓著打的鴻海，想接下上游蘋果研發中心的當地訂單，更是難上加難。

看到鴻海面臨印尼政府與韓國大廠的兩面夾殺，台灣本地的電子媒體與業界人士，卻還在「商女不知亡國恨，隔江猶唱後庭花」。我只盼奇蹟出現，台灣官方與業界能儘快覺醒，複製南韓模式，選送台灣過剩的大專外語系學生、特別是有新住民家庭背景者，進行專業且密集的語言與跨文化溝通訓練，作為台商在東南亞投資設廠的骨幹，將我們落後給南韓的東南亞優勢，早日給追回來！

INDONESIA

11

新創產業的對陣廝殺不遑多讓

「你對印尼的印象是什麼？」大多數台灣人對於印尼的印象，不外乎就是天氣很熱、塞車、外勞、峇里島之類的。今天，讓我們來看看印尼的另一面，那就是印尼的數位經濟。但是在談到印尼的數位經濟前，我們先從遍布印尼各大城市的計程機車，也就是當地人所稱的 *ojek*，這項頗為傳統的行業開始說起。

傳統上印尼的計程機車，通常會在各交通要道、市場、購物中心、學校與火車站前面排班；不過有時候，我們也可以在社區（*kampung*）或村里（*kampung*）入口處的大樹下，看到計程機車司機一邊休息、一邊等待顧客的場景。

照慣例，印尼計程機車的收費，是依照討價還價的方式進行；如果有顧客要搭乘計程機車，那就必須走到司機面前，開始跟對方喊價。俗話說：「漫天抬價，落地還錢」，印尼的計程機車司機也不例外。對目的地不熟悉的外地人，免不了要被司機海削一筆；但是，就算是熟悉當地、了解價碼的本地人，也不見得喜歡這種耗時費日的殺價過程。

回想當時我在國立印尼大學就讀時，每天下午都要從印大校園搭乘火車，到雅加達西區的 Rawa Buaya（意思為「鱷魚沼澤」）車站，再轉乘計程機車回家。鱷魚沼澤的計程機車司機雖然沒有鱷魚般兇猛，但是在討價還價的時候，確實像掉入沼澤般的泥濘而令人難耐。

我：「*Pak*（先生），到我家那邊的男人島路（Jl. Pulau Laki），要多少錢？」

司機：「兩萬印尼盾。」

我：「好貴喔！五千啦！」

司機：「一萬五啦！」

我：「一萬啦～！」

說真的，率直的印尼人，普遍都很不會喊價，但是計程司機們又硬要跟著討價還價！不論是我這個乘客，還是司機先生，彼此都知道最後會以一萬元印尼盾成交，偏偏司機先生們（很多時候，我遇到的還是同一位計程機車司機）卻還是像鬼打牆一樣，每天重複一樣的喊價過程。在雅加達三十多度的高溫下，這種徒勞無功、浪費彼此時間的喊價過程，真的不是一件賞心悅事！

除了坐地起價外，計程機車還有一個讓人詬病的問題，那就是乘客安全上的疑慮。大多數在雅加達等大都市的計程機車司機，都

印尼雅加達盛行的計程機車。

是來自農村的外來人口，其中不乏曾犯過刑事案件、有前科者。有時候，素行不良的計程機車司機可能臨時見財（或見色）起意，將乘客載到偏遠處，將財物洗劫一空、甚至性侵女性乘客。

那……如果計程機車有這麼多問題，「大不了不坐啊！」「我搭計程車總可以了吧？」台灣鄉民們可能會烙下這幾句狠話。可惜的是，我們在之後〈速度比溜滑板還慢的雅加達交通夢魘〉一文裡會提到，印尼各大都市的交通情況非常惡劣，不但公車的服務品質不佳，塞車問題更是嚴重。很多時候，只有靠著計程機車狹小的體積、靈活的操控，才可以在擁擠的車陣中穿梭、鑽車縫、行駛人

在通勤火車站前排班的計程機車。

行道與逆向行駛（是的，你沒聽錯！逆向行駛。反正雅加達常常塞到動彈不得，在時速為零的車陣中穿梭，其實也還好），因此是很多通勤族不得已之下的主要交通工具。

也因此，印尼各大城市的交通，長期以來一直面臨著以下的惡性循環：一方面，不斷膨脹的計程機車數量，以及他們不遵守交通規則的行駛方式，讓大都市的交通更形惡化；另一方面，日益壅塞且惡化的交通，迫使雅加達等大城市的居民，對計程機車的需求持續上升，讓大都市塞車的問題，更加雪上加霜。面對這樣的困境，印尼的中央與地方政府，似乎也拿不出什麼具體的解決方法。

從 *Ojek* 到 Go-jek

直到二〇一〇年，一個就讀美國長春藤名校布朗大學大學部、後來從哈佛商學院畢業的印尼年輕人納迪姆（Nadiem Makarim）突發奇想，將手機應用程式（App）與計程機車結合，從一座客服中心與二十位簽約的計程機車司機出發，創立了Go-Jek這家新創公司，開始了他的創業之旅。

首先，他挑選了沒有前科，並擁有機車行照（證明不是贓車）的司機；接著，他將Google 地圖與手機App結合在一起；只要下載Go-Jek專屬的App，就可以馬上從手機上，看到有多少台Go-Jek專屬的計程機車在附近。由於已經與地圖系統整合，Go-Jek的使用者在打開App的同時，地圖就會定位你所在的位置；接著只要輸入你要前往的地點（或者直接在地圖上點選要前往的位置），App就會找出最佳路線，並且計算出所需車資。

依據我實際的使用經驗，如果你熟悉目的地，又懂得殺價，那麼Go-Jek App所估算的費用，會比乘坐傳統計程機車的費用高出十％到二十％。但是，對於大多數不了解目的地路況，又不會殺價的各位讀者來說（ㄟ……我相信看這本書的人，大部分不會講印尼話，那也很難在印尼搭車的時候殺價），使用Go-Jek，會比直接跟計程機車司機討價還價，省下大約一半左右的費用。除此之外，Go-Jek會定期推出各式各樣的促銷活動，有時會比你殺到天昏地暗之後的價格還要便宜！也難怪很多乘客，包括我在搭乘Go-Jek之後，都願意支付比

App計算出來的價格還更多一點的費用，當作獎勵司機的小費，也算是花錢買下「大太陽下殺價、浪費時間」的一點心意。

除了解決漫天開價的惱人問題外，Go-Jek還有一個好處，那就是保障了乘客的人身安全。相較於路邊來路不明、出了事情也無處申訴的計程機車，Go-Jek的司機經過了公司的事先審查且登記在案，讓這些司機先生不敢有劫財劫色的壞念頭。此外，使用者每次透過Go-Jek叫車，App會顯示出提供這趟服務的司機照片與真實姓名；服務結束後，乘客還可以像網路購物一樣，評鑑這名司機，給予一顆星到五顆星的評分；評價越高的司機，日後在系統配對的時候，就會被系統提升到較高的順位、較容易找到乘客，增加了司機提供良好服務、摒棄任何歹念的誘因。

一直以來，計程機車的乘客都是以女性為大宗。為了進一步保障女性乘客的人身安全，Go-Jek也開始鼓勵女性擔任計程機車司機，並以此為主打訴求，告訴印尼的社會大眾：在這個穆斯林占多數、婦女就業比例偏低的社會，Go-Jek這家新創企業善盡了社會責任，提供了女性更多的就業機會。不過，推動婦女擔任計程機車司機的就業方案，卻也意外地嘉惠了另一個族群，那就是為數眾多的男性宅宅們！

若大家上網搜尋照片，會看到Go-Jek的主打廣告「正妹司機」系列。各位男性同胞一定會有一股衝動，想跳上機車後座，環抱正妹司機，在風中奔馳吧！

跨國化vs.多角化：Go-Jek與Grab的殊死戰

然而，夢想是美好的，現實卻是殘酷的；大多數的女性Go-Jek司機，都是大媽等級，只會讓男性乘客迫不及待地想抵達目的地，而對於Go-Jek來說，更殘酷的是「市場」。因為正當Go-Jek的事業開始蒸蒸日上、躋身「獨角獸」的隊伍之時，競爭對手Grab也翩然登場，給Go-Jek帶來莫大的壓力。

Grab這家由新加坡人與馬來西亞人聯手成立的新創公司，基本上複製了Go-Jek的模式，享受著「後進者優勢」；Go-Jek有的，Grab都有，而且還想辦法做得更出色。首先，就是Grab比Go-Jek更強調計程機車司機的個人特質。例如之前Go-Jek推出了正妹司機，Grab就推出「帥哥司機」，而且還讓男性計程機車司機在Grab的App上，經營個人的專屬頁面（類似Line或Facebook的個人頁面），讓司機從打工仔變身成「網紅」，也就是網路社群裡面的「關鍵意見領袖」。當然，以我身為男性的眼光來看，這幾位Grab司機網紅，真的說不上帥；但是畢竟每個國家的審美觀都不太一樣，我也只能暗自垂淚、默默地接受印尼正妹們的選擇。

其次，Grab除了提供計程機車服務之外，還加碼提供了計程轎車（GrabCar）與轎車共乘（GrabShare）的服務；也就是除了Go-Jek之外，Grab還要把優步（Uber）這家跨國共乘App業者的市場給吃下來。講到跨國，就不得不提Grab與Go-Jek最大不同之處：Go-Jek專心於耕耘印尼兩億七千萬人的市場，而Grab則是瞄準六億五千萬人的東協市場，除了印尼以外，在越南、菲律賓與泰國皆有提供服務。依照我實際使用的經驗，只要下載一次Grab的App，在印尼、越南與菲律賓，皆可得到計程機車或計程轎車的服務，對常在東協各國穿梭的商務使用者來說，非常便利。

然而，Go-Jek畢竟不是省油的燈。Go-Jek有一項競爭優勢是遠超過Grab的，那就是多角化的經營模式。打開Go-Jek App，除了原本的載客服務，還可以點選Go-Send選項；如果你有任何物品要運送，只要輕輕按下Go-Send的圖示，就會有計程機車到你指定的地點取貨，並送達目的地。由於印尼是臉書的第三大使用國（根據二〇一九年的數據顯示，僅次於印度和美國），而很多印尼人使用臉書的目的，其實是為了在網上賣東西。有了Go-Send的服務後，很多印尼的中產階級在上班時，就在自己的臉書頁面上賣東西（對了！印尼人上網買東西的尖峰時刻，不是下班時間，而是上班時間接近尾聲的下午四點）；只要你透過臉書傳訊跟賣家下單，還在辦公室的賣家就可以透過Go-Send，派送計程機車到他的家裡跟幫傭取貨（印尼勞動力低廉，以印尼物價最高的雅加達為例，大部分的中產階級只要每月花四千元台幣，就可以請到每天住在家裡的幫傭），再由計程機車將貨品送到賣家手中，順利完成交易。

除了Go-Jek與Go-Send服務外，如果你肚子餓了，只要打開Go-Food的選項，就可以直接透過手機App的介面點餐，從肯德基、麥當勞、鼎泰豐到「士林台灣小吃」（Shihlin Taiwan Street Snacks，新加坡人在印尼與馬來西亞等地開設的連鎖快餐店），應有盡有；在半個小時內，計程機車就會將餐點送到你家中。如果想自己做菜，但是懶得去外面買菜（不想浪費在外面塞車的時間），沒問題！打開Go-Mart介面，點選你要買的蔬果食材等等，計程機車會馬上幫你送到家中。如果妳是一位愛美的女性，但是又不願意讓雅加達炎熱的天氣與汙染的空氣，弄壞了妳美美的造型，那就打開Go-Glam的介面，讓計程機車將一名您專屬的美容師送到家中，幫女性顧客美容、上妝、美甲、洗剪頭髮，或是替女性穆斯林顧客的頭巾設計造型（Hijab Styling）。下班之後，帶著滿身的疲累，回到家中，哪裡都不想去嗎？……沒問題！按下Go-Massage的服務，計程機車就會替妳送來一名按摩師，讓妳躺在自家的床上，享受通體舒暢的按摩服務，並慢慢地進入甜美的夢鄉。

Kudo 與 Tapp Market：傳統直銷與電子商務的結合

除了上述的Go-Jek與Grab外，印尼還有很多充滿巧思的年輕人，將「創意」「便利」等概念融入數位科技當中，透過手機應用程式，建立起一家又一家前景可期的新創公司，例如我們現在要介紹的Kudo。這是印尼第一個結合直銷模式與網路購物平台，發展出印尼獨特的「離線到線上」（Offline to Online, O2O）模式的新創公司。這家業者的做法，就是在全印尼五百多個鄉鎮，授權四十多萬間雜貨店（*warung*）業者，讓他們成為代理商。

乍聽之下，台灣的讀者可能覺得奇怪：「網路購物不就直接打開手機或電腦，自己在網路上買，幹嘛還要什麼代理商？」但是各位看官要知道：印尼的信用卡持卡率非常低，而很多居住在鄉村地區的人，不但不常上網，有些人甚至一輩子沒碰過電腦！但是，請不要以為這些生活不夠「數位化」的人，就一定是窮人。受文化的影響，偏好使用現金交易的印尼人，遠多於使用塑膠貨幣或行動支付的人；更不用說很多地方上的地主或「田橋仔」（台語），實際上家財萬貫，只是他們相信，「看得到的錢才是錢；銀行裡面的存款，只是數字罷了！」或許這樣的心態，也跟一九九七至一九九八年間，印尼遭逢金融風暴，幣值瞬間縮水，數家銀行接連在一夕間倒閉的歷史記憶有關。

由於印尼有超過一萬七千個島嶼，地形破碎，很多地方交通不便。在城市裡買得到的好貨，在這些鄉村地區可能運送不到，或者是從來沒出現過。直到Kudo誕生之後，這些藏富於民間的鄉民（包括那些沒使用智慧型手機的阿公阿嬤），就可以到地方上的雜貨店，找Kudo的代理商，請對方透過Kudo的手機App介面，代為訂購想要的商品，並且以現金付款。等到貨品透過Kudo的物流系統送達當地，訂購者再到代理商那邊取貨，或是直接由Kudo代理商送到消費者家中。

Kudo的營運模式，其實與傳統的直銷行業有著異曲同工之妙。成功的直銷代理商往往具備很好的口才，來說服消費者購買他們提供的產品，而消費者在選購商品時，也會非常重視高績效、高營業額經理人的意見。換句話說，Kudo的代理商，在印尼鄉間發揮關鍵意見領袖的影響力，左右著消費者在選購線上產品時的動向。也因此，當Kudo在市場上出現新的競爭者時，衛冕者與挑戰者之間的決勝關鍵，往往在於對地方上意見領袖的掌控程度。

就像前面Go-Jek遭到Grab的挑戰一樣，Kudo所開創的模式，很快就被Tapp Market這家由芬蘭業者出資的新創公司所複製。不同的是，Tapp Marekt更強調關鍵意見領袖所扮演的角色。也因此，Tapp Market會想辦法專門挑選真實世界中的村長（*kepala desa*）、牧師或伊斯蘭教士（*Ulama*）這類的地方仕紳及意見領袖，當他們在鄉間銷貨網路裡的代理商。台灣的朋友們看到「伊斯蘭教士」成為購物上的意見領袖，或許會嗤之以鼻，覺得「印尼人真是無知，買東西還要去問不相關的牧師、教士、僧侶」，卻忘了台灣一大堆宗教團體，長期以來靠著發行周邊商品而獲利，甚至還有信徒出資購買勞斯萊斯作為「Seafood」（師父）的代步工具（為了避免這段內容「被和諧」或我「被消失」，請各位讀者自行上網搜尋關鍵字）。宗教在台灣人日常生活中的角色尚且如此強大，更何況是以宗教立國、依法全國民眾都必須是有神論者的印尼呢？

也因為Tapp Market知道居住在鄉村地區的印尼人，對於生活中各種資訊的來源，主要靠的是這些他們心目中「有溫度」的自己人、好朋友或大人物，而不是冷冰冰的手機螢幕。不管科技再怎麼日新月異、印尼經濟再怎麼崛起，科技畢竟始終來自於人性。「見面三分情」。印尼人重視的，還是人與人之間的關係。

除此之外，如同前面Grab挑戰Go-Jek那樣的案例，Tapp Market身為市場上的後進者，可以複製先行者的模式，減少了很多走冤枉路的時間與金錢成本；節省下來的餘力，就拿來開發印尼以外的東南亞市場。因此，Tapp Market很快地將觸角從人口最多、將近一億五千萬人的爪哇島向外延伸，進軍蘇門答臘、加里曼丹、蘇拉維西等印尼其他大島，接著還開始在菲律賓與越南這兩個東協國家設點、招募代理人。Tapp Market期盼搶得

我拜訪Tapp Market雅加達總部。

先機，用跨國經營的方式來拓展市場，藉以擊敗Kudo這個市場上的先行者。然而，面對來勢洶洶的Tapp Market，稍微居於下風的Kudo，畢竟也不是省油的燈。為了打垮Tapp Market，Kudo毅然決然地於二〇一七年四月接受Grab的併購；一方面獲得更大的資金挹注，另一方面則是為了與Grab所屬的電子支付系統GrabPay結合，涉足金融科技（FinTech）的市場。

從Kudo與Tapp Market的競爭，以及Go-Jek與Grab的割喉對戰，我們可以發現：印尼數位經濟市場的廝殺程度，或許比我們最熟悉的台灣與中國大陸市場，更為慘烈！一方面，印尼擁有兩億七千多萬的人口，是台灣的十一倍，而且經濟持續在成長，來自世界各地的外資，都不願棄放棄在印尼市場插旗的機會；各家新創業者紛紛與外資結盟、或是選擇被併購，藉以拓大自身在印尼市場大餅裡的市占率。

另一方面，印尼是一個民主國家，經濟體制自由開放，因此外資無法像在中國大陸這類計畫經濟型市場那樣，只要一開始能夠跟黨政高層交好、上達天聽，「頭過身就過」，從此在數位經濟市場取得寡占的優勢地位。相反的，在印尼的新創業者，必須靠著自身的努力，以及不斷推陳出新的創意，才能獲得印尼消費者與外來投資者的青睞，在這個依據市場法則所運作的場域裡生存下來。總而言之，今天的印尼數位經濟市場，變化快速、競爭激烈，不存在永遠領先的優勢；不夠創新、不夠了解消費者想法的業者，隨時都會被印尼市場給殘酷地淘汰！

PART

03

第一次融入印尼就上手！

INDONESIA

12

印尼、新加坡、馬來西亞，三方牽扯不斷的關係？

長期以來，在海外工作的印尼勞工（*Tenaga Kerja Iodonesia, TKI*）大約有四百五十萬人左右，在印尼兩億七千萬的人口當中，所占的比例雖然不高，但卻是印尼外匯收入的重要來源之一。

這些身懸海外的印尼勞工，絕大多數是爪哇族（*suku Jawa*）；爪哇人的民族性溫順謙和、任勞任怨，因而獲得世界各地雇主相當好的口碑。也因此，印尼社會普遍將外勞稱之為「外匯英雄」，對於這些幫國家既掙錢、又掙面子的海外勞工，予以高度肯定。

印尼人可以「用完即丟」？

然而，總是有些國家、有些人不長眼睛，一不小心就踩到了印尼的底線，羞辱了這些獲得印尼國民極高評價的外匯英雄。這其中，又以號稱是印尼的「兄弟之邦」、只隔著一抹淺淺的麻六甲海峽，照理要跟印尼「兩岸一家親」的馬來西亞，最常開罪印尼這個「東協的老大哥」（或是依照某些馬來西亞酸民的說法：「隔壁的窮親戚」）。由於馬來西亞境內有著全世界人數最多的、合法或非法的印尼外勞，因此大馬人對印尼外勞的態度，時常成為兩國關係交惡的導火線。例如我前面也曾提及，馬來西亞的一則吸塵器廣告，就以「現在就炒了你家印傭」作為標題，試圖告訴大馬民眾：我們的產品很好用，至於印尼外勞，用完就可以丟了！

可想而知，在網路無國界的時代，這樣的廣告一推出，馬上就在印尼當地引起軒然大波。不但印尼官方出面，要求馬來西亞業者立刻將該則廣告下架，世俗派的印尼文青更是在網上開戰、譙爆大馬網民；只剩下少數虔誠派（或說是極端派）的印尼穆斯林，勸和不勸離，苦口婆心地勸告大家；印馬兩國不但都是以伊斯蘭信仰為主體的國家，歷史上更同屬於「努山答臘」（*Nusantara*）的一部分，不應該兄弟鬩牆、白白讓外人看笑話！

從兩岸一家親到兄弟鬩牆

講到這裡，就不能不提到「努山答臘」這個名詞所象徵的意義。早在印尼、馬來西亞這些國家尚未誕生的千年之前，東南亞就曾於七世紀（約當中國的唐代），出現過「室利佛逝」（*Sriwijaya*，在中國古典裡又譯「三佛齊」）這個佛教王朝，所屬疆域包括了今天印尼的爪哇島、蘇門答臘島，以及今天馬來西亞的馬來半島。到了十三世紀（約當中國的元朝），在一代名相——加查・瑪達（Gajah Mada）的帶領下，強大的印度教王朝「滿者伯夷」（Majapahit），其勢力範圍涵蓋了今日印尼的主要島嶼，並且讓馬來半島上的彭亨（Pahang）王國與淡馬錫（Temasek，也就是今天的新加坡）王國，都成為了滿者伯夷的附庸國。然而雄才大略的加查・瑪達，野心可不只於此！他用爪哇文所書寫的詩文當中，曾不止一次提到：要建立一個中央集權、而且「縱橫」（*antara*，原意為「之間」）所有「島嶼」（*nusa*）的強大帝國。於是，結合島嶼（*nusa-*）與縱橫（*antara*）這兩字而成、「努山答臘」（*Nusantara*）的遠大藍圖，就此誕生。這個理想有點像華人世界所說的「天下」或「王土」的概念，並沒有明確的疆域界線，差異在於前者是陸權為基礎的王土，後者則是靠海權所建立的天下。

承先啟後，今天的印尼人看待滿者伯夷王朝，有點像華人世界遙想過往的「漢唐盛世」那樣！也因此，比較偏激的印尼民族主義者，會期望「統一」老祖宗所打下的漢疆唐土；在這種南洋群島「大一統」的概念下，首當其衝的，當然就是希望將曾經隸屬於室利佛逝與滿者伯夷這兩個王朝，如今卻是獨立國家的馬來西亞，納入到「努山答臘」的版圖之下。

上述所說的印尼「偏激民族主義者」當中，最著名的，莫過於印尼的國父蘇卡諾了！印尼於一九四五年宣布獨立、並且於一九四九年打贏對抗荷蘭的獨立戰爭，正式完成國家的統一。接著沒多久，馬來半島上的英屬殖民地馬來亞

加查．瑪達的威武雕像，有沒有讓你想到日本遊戲「三國無雙」系列中武將的形象呢？

（Malaya）與仍是英國屬地的新加坡，也開始著手進行從英國手中獨立的建國運動。為了讓日後的新興國家更強大，也為了防堵在當時時空背景下日益高漲的共產主義聲浪，避免南洋群島進一步被赤化，馬來亞半島上的政治菁英與英國方面合作，拉攏同樣為英國勢力範圍、位於婆羅洲北部的沙勞越、汶萊與沙巴，共同組成新興的聯邦國家：馬來西亞（Malaysia）＊。

馬來西亞於英國支持下所推動的建國運動，在立場有點左傾、又期盼恢復「努山答臘」版圖的蘇卡諾眼中，無異是西方帝國主義者對印度尼西亞民族的挑釁行為：「就算是馬來半島，以前也是我們祖先所打下的疆土範圍，更何況是位在加里曼丹島（印尼對婆羅洲的稱呼）北部的沙巴與沙勞越。這些應該都是我們努山答臘的疆土範圍啊！」於是，蘇卡諾開始進行一連串「粉碎馬來西亞」（*Ganyang Malaysia*）的軍事行動，讓民兵組織與正規軍隊越過加里曼丹島上的邊境，對婆羅洲北部、日後的東馬來西亞，展開一波波的軍事攻擊。也因此，從一九六三年開始，印尼與馬來西亞就進入了持續的軍事對抗時期，一直到一九六五年，印尼總統蘇卡諾於軍事政變後被罷黜，新強人蘇哈托上台，印馬雙邊的兄弟鬩牆，才於一九六六年正式結束。

在軍事對抗結束，以及東南亞國家協會（Association of Southeast Asian Nations，英文簡稱ASEAN，中文簡稱為「東協」「東盟」或「亞細安」）於一九六七年成立後，印馬關係進入了很長一段時間的穩定期。到了一九八〇年代，馬來西亞與印尼分別經歷了高度的經濟成長，以及產業結構開始轉型的時期；只不過，馬來西亞在強勢首相馬哈迪（Mahathir bin Mohamad）醫生的領導下，經濟發展的成果超越了隔壁的老大哥印尼。越來越多的印尼人穿過兩國邊界，到薪資水平較高的馬來西亞擔任勞工。也因此，某些憤世嫉俗的馬來西亞憤青，就開始嘲諷印尼：「咦？不是要統一我們嗎？怎麼現在反而淪落到來我們家找飯吃？科科～」由此看來，當年印尼國父蘇卡諾的軍事對抗政策，是很

＊ 最終，汶萊並沒有加入新興成立的馬來西亞聯邦，而新加坡則是於一九六五年退出馬來西亞，宣告獨立。

錯誤的決定；流弊所及，讓近年來一小部分的大馬人，將怨氣出在為了尋求生計而跨境奔波的無辜移工身上。

蠟染布到底是誰染的？

除了經濟上既合作又競爭，在文化層面上，印尼與馬來西亞這兩個有緣無分的兄弟之邦，有的時候也互不相讓。最明顯的例子，就是「蠟染布」的歸屬問題。蠟染是一種傳統的工藝形式，製作方法是先用鉛筆在棉布或絲綢上畫出圖樣，接著用盛滿溫熱蠟油的銅壺筆，在布料上勾勒出圖案；勾勒完圖案的布料則放入染料裡。上過蠟的圖案部分不會染色，未上蠟的其他部分則會染上顏料。接著，工匠將經過染料定色過程的布匹投入沸水中，融化掉布料上的蠟，布匹就會呈現出布料原本底色的紋飾。經過這樣多次重複的上蠟、染色、融蠟，布料就會顯現出絢麗奪目、變化萬千的花色。

小弟我粗鄙無文，對於蠟染藝術不求甚解。對於這項精緻工藝的工法、色澤與質感有興趣的朋友，可以上網搜尋台南藝術大學教授蔡宗德爵士（我沒唬爛！他真的被中爪哇的王室冊封為爵士，堪稱史上第一位台籍的印尼爵士！）、旅印專欄作家吳英傑，或是台博館策展人袁緒文的著作，以獲得進一步的資訊。畢竟本文的重點不在蠟染藝術本身，而在印尼與馬來西亞兩國，多年以來的爭論：蠟染藝術到底是印尼，還是馬來西亞的文化遺產？馬來西亞認為該國傳統上也有蠟染這種繪製布料的方式，因此蠟染布也是馬來西亞傳統文化的一部分。然而，就印尼人的觀點來看，蠟染布絕對是印尼的傳統文化遺產；馬來西亞將蠟染布視為自己的國粹，是一種竊占他國精神文明的行為。可想而知，印馬兩國的官民各界為了蠟染藝術系出何源，也爭論不休了好幾年。

到了二〇〇九年，聯合國教科文組織正式認定蠟染布為印尼的人類非物質文化遺產（Intangible Cultural Heritage of Humanity），

我參加研討會時所穿的蠟染。

印尼蠟染布上的刀飾圖案。

其他的蠟染花布。

才讓蠟染布的歸屬問題暫時告一段落。然而，一波未平、一波又起，在二〇一八年萬國小姐的決賽階段，眼尖的印尼網友發現，代表馬來西亞參賽的佳麗，她所穿著的傳統民族服裝上，有著印尼中爪哇蠟染布專屬的刀飾（*Parang*）圖案。消息一出，免不了又惹來印尼酸民們的一陣謾罵，痛斥馬來西亞死性不改、再度竊占了專屬印尼的文化遺產（小編：有這麼嚴重嗎？）。偏激一點的印尼網民，甚至還借用印尼文「*Maling*」（小偷）這個字，將大馬的國號惡意寫為「Maling-sia」，來表達對馬來西亞「竊取」蠟染布藝術的不滿。由此看來，儘管印馬兩國的官方希望能擱置「存異」的部分，力求兩國各方面的「求同」與合作；然而好事的網路鄉民，卻始終不肯善罷干休，非要在網路世界裡鬥個你死我活才甘願！

夾在兩個老大哥之間的小老弟

面對印尼與馬來西亞之間若即若離、既像親家又像仇家的關係，最尷尬的，莫過於夾在這兩個老大哥之間的新加坡了！眾所皆知，新加坡雖然早已脫離馬來西亞而獨立，但是與大馬之間依舊維持著非常密切的關係。直到今天，馬來語（Bahasa Melayu）依舊是新加坡正式且唯一的國語（*Bahasa Kebangsaan* / National Language）*；新加坡的飲用水，絕大多數也是由馬來西亞提供。然

＊至於英語、華語以及淡米爾語（Tamil），則與馬來語並列為官方語言；雖然常用，但是在法律上的位階，仍舊低於身為國家語言的馬來語。

而，與新加坡在領海範圍上接壤最大、也最可能對新加坡造成國防上潛在威脅的，卻是印尼這個東協的龍頭國家。也因此，每當印馬兩國之間有所衝突的時候，夾在中間的新加坡，最可能成為立即的受害者。

舉例而言，早在新加坡獨立前、還是馬來西亞一部分時，就曾遭受來自印尼官方的恐怖攻擊。一九六五年三月十日，當印尼與馬來西亞還處於前述的軍事對抗狀態時，兩名印尼海軍陸戰隊隊員哈倫（Harun Said）與奧士曼（Osman Haji Mohammed Ali），接獲軍方上級的指示，偽裝成平民入境新加坡後，在新加坡烏節路（Orchard Road）的滙豐銀行大樓引爆炸彈，炸死了三名新加坡的平民百姓。隨後，這兩名印尼軍人被新加坡逮捕、審判，並且於一九六八年在新加坡的監獄裡，被剛獨立的新加坡官方正式處以絞刑。在印尼官方的認知裡，印尼與馬來西亞當時處於交戰狀態，這兩名印尼軍人是基於國家利益，對馬來西亞的國土新加坡發動攻擊，最終被逮捕而殉職身亡。因此，當這兩名軍人的遺體被送回印尼，隨即受到印尼軍方以隆重軍禮相迎並厚葬，這讓印尼與新加坡之間，原本緊張的關係變得更雪上加霜！

幸好，印尼與新加坡各自發生的重大事件，創造了讓兩國關係得以改善的契機。一方面，原本主導印馬對抗的印尼總統蘇卡諾，在一九六五年的九三〇事變（*Gerakan 30 September*）後被奪權；軍事強人蘇哈托於一九六七年上台擔任總統，正式終止了印尼與馬來西亞之間的軍事對抗。另一方面，由於新加坡已經於一九六五年八月九日（亦即爆炸案過後的五個月）脫離新加坡獨立，從法理上來看，新生的新加坡共和國並非印馬兩國軍事對抗的當事人，也就可以用更為超然的態度，來看待印尼軍方所發動的炸彈攻擊事件。但是真正讓印馬兩國關係大幅改善的，則是新加坡總理李光耀，於一九七三年前往印尼訪問期間，到執行新加坡匯豐銀行爆炸案的兩名印尼海軍陸戰隊隊員的墓前，親自獻花致敬，以化解印尼民間對新加坡處死國家英雄的不滿怨氣；緊接著，印尼總統蘇哈托也於一九七四年，親自到新加坡進行正式國事訪問，讓兩國關係重新升溫，回復到同為東協成員國應有的熱度。

印尼有錢人的第二故鄉

此後，印尼跟新加坡之間，在外交與經貿上一直維持著非常緊密的關係；不但官方層級如此，民間的交流更是密切！尤其是印尼的富人階級，一直把新加坡當成是自己的後花園、甚至是第二個家！舉例而言，新加坡超過九成以上的國民，居住在政府起造的公共組屋（public housing），少數獨門獨棟的豪華別墅，大多為外國人所擁有，其中又有不少是印尼公民的財產。也因此，許多在雅加達或泗水等印尼大城市的富人，會選擇在週五的下午，大多數印尼民眾剛做完禮拜（*Sholat*，沒錯！穆斯林的禮拜日在週五）趕回辦公室、但是心神早就飛往遠方時，選擇搭機前往新加坡，在新加坡的豪宅度過周末，在烏節路購物、在聖陶沙島（Sentosa）遊玩，直到週日的晚上再搭機回到雅加達，迎接接下來一週不太忙碌（相較於台灣，印尼的工作環境真的較為輕鬆，也不像台灣那麼燒腦跟賣肝）、但是卻很冗長的上班生活。

除了整潔的街道、進步的硬體設施外，新加坡還有一項相當吸引印尼富人階級的優勢，那就是相較於印尼，品質高出許多的基礎教育。話說我當年跟著爸媽回到印尼，進入小學就讀六年級的時候，學費是可以討價還價的。真的，你沒聽錯！同樣一間學校、跟同一位校長談，因為我媽是印尼人，了解當地行規，所以我姊的學費可以殺得很低；等到我入學的時候，因為是我爸這個台灣人（歪果仁）去跟校長談入學，不接地氣、印尼文更是不行的老爸，就成了校長眼中的待宰肥羊，也讓我的學費，硬生生地比我姊高了將近一倍（幸好這位校長後來被抓到收賄貪汙，鋃鐺入獄，也算是幫我爸出了一口怨氣）。在這種市場叫賣式的經營理念下，學校的教育品質當然好不到哪裡去，不但學校動輒停課辦活動、藉機向家長巧立名目收費，有的時候老師還蹺課、跑到外面兼差，留下在教室裡枯等的同學。

相較之下，我家境富裕的遠房表姊表弟，命運就比我好太多了！出身印尼富人家庭的他們，從小學開始，就時常在雅加達與新加坡之間通勤。通常在週日晚上，他們搭飛機從雅加達飛到新加坡，到樟宜機場由馬來西亞籍的司機接回父母在新加坡當地購入的豪宅，週一再開始五天的課業；等到禮拜六早上，再搭乘飛機回到雅加達的家中，與平常忙於工作的有錢爸媽團聚。

在美國的華裔、韓裔與台裔社群裡面，時常存在著「候鳥家庭」，也就是為了讓孩子接受較高品質的英語教育，由母親帶著孩子到美國伴讀，父親則留在亞洲繼續工作、供養家人在美國所需，並且每半年飛去美國探望妻小一次，因此被稱為候鳥家庭。相較於以「年」為遷徙區間的美國亞裔候鳥，以「週」為移動單位的新加坡印尼裔小鳥們，需要的投資更龐大、他們的父母出手也更為闊綽。以我的表姊弟為例，為了能夠在新加坡入學，父母不但在新加坡購入豪宅、在當地聘請司機，還特地將印尼保母帶到新加坡去，平日照料孩子們的日常起居，週末假日則陪孩子搭飛機往返兩地。這些同時在兩個城市長大的孩子，從小在新加坡的英、華雙語教育體系就讀，又能時常飛回雅加達家中，與父母、家人及幫傭對談，因此能流利地使用英語、華語與印尼語等三種語言；出生顯赫加上三語優勢，難怪印尼的富人階級能夠不停地進行階級複製，「富得過三代」，長年掌控印尼社會裡的資源與人脈。

為仁當，當仁不讓！

乍看之下，新加坡跟東協老大哥印尼之間的關係，似乎比馬來西亞與印尼之間的關係更融洽一些。然而，也不是沒有白目的新加坡人，一不小心就捋了虎鬚、弄碎了印尼人民的玻璃心。例如二〇一八年，就發生過新加坡人在網路購物平台Carousell旋轉拍賣上「販賣」印尼女傭的事件。版主將數名印尼女性的照片發布到該購物平台上，並且標註「新鮮」的商品描述；價格從零元起標，已找到雇主的則被列為「已售」。事件一爆發，印尼當局免不了像馬來西亞吸塵器事件那樣，對新加坡政府提出抗議，兩國關係陷入新一波的低潮。

然而，相較於「印傭」這一項不應該被當作產品的偽產品，時常造成印馬、印星關係之間的緊張；另一項真正的東南亞著名產品——「仁當」（Rendang）料理，卻是無心插柳柳成蔭、讓印馬星三國人民之間的關係變得更加緊密。所謂的仁當，是印尼與馬來西亞等地所流傳的一種烹煮方式，簡單來說，就是以椰漿（*santen*）搭配各種香料來慢火燉煮，讓肉類變得軟爛、入味。

同樣也是在二〇一八年，英國一個烹飪實境秀的節目裡，英國籍的主廚裁判，將一名馬來西亞參賽者給判定出局，理由是她做的仁當雞肉不夠「酥脆」。要知道：要求東南亞的仁當雞肉酥脆，就像要求台灣的滷肉飯、日本的茶碗蒸必須酥脆一樣，很明顯的是英國籍主廚對東南亞的飲食文化欠缺了解，而犯下的可笑錯誤。

因此，當「仁當不夠酥脆」的消息傳出後，馬來西亞全國上下，就連當時還在選戰中殺得難分難解的朝野兩黨領袖，紛紛給予英國籍裁判各式各樣的批判與譴責。時任馬來西亞首相的納吉（Najib Razak）在推特上發文詢問：「有人吃過『酥脆仁當雞』這種東西嗎？」納吉的頭號政敵、大馬前鐵腕首相馬哈地（Mahathir Mohamad）更直接對英國籍主廚開嗆：「你應該是把仁當雞跟肯德基（KFC）搞混了吧？」

讓印尼、馬來西亞團結的仁當雞肉。

出乎意料的是：平常在文化議題上與馬來西亞勢同水火的印尼酸民，這次卻沒有搶著宣稱「仁當是我神鷹子孫神聖不可分割的一部分」，或是「堅決反對任何將仁當文化『馬來西亞化』的企圖」，反而是連同新加坡、汶萊等國的網友，選擇與馬來西亞站在一起，在網路上對英國網民展開了一連串的嘲諷與攻擊。而印尼當地崇尚「大努山答臘主義」的網民，更趁勢推出一連串的網路組圖與動畫，強調印尼、新加坡、汶萊與馬來西亞在歷史上有著共通祖先、同文同種，享有共同文化遺產，理應「四岸一家親」等等的大一統言論。有些人說：「足球讓拉丁美洲人民團結在一起。」由此看來，讓印尼、馬來西亞與新加坡等各國人民團結在一起的，似乎是仁當料理（咦？）。或許有一天，東南亞國協的會旗上，除了象徵十國團結的十株稻穗之外，會放上一塊仁當雞肉或牛肉也說不定喔！

INDONESIA

13

印尼也有鄭和，更有天龍八部？

我在台北念小學的時候，媽媽偶爾會到學校接我放學。媽媽那時候剛從印尼嫁來台灣沒多久，中文還不好，所以到學校接我放學的時候，常常會在同學面前跟我說印尼話。

在小朋友的世界裡，對於自己無法理解的事物，總是充滿好奇心。有一次，我的一個同班同學忍不住問我：

「何景榮，你跟你媽媽講的那是什麼話啊？」

「印尼話啊！」我說。

「啊～～（聲調高八度）你媽媽是印尼人喔？」

「是啊！」我理所當然地回答。

或許在小朋友的世界裡，印尼跟另一個名字有點像的國家——「印度」，應該差不多……反正就是很遠很遠、我們都沒去過的國家嘛！於是以訛傳訛，不久之後，我的同班同學都聽說了「何景榮跟他媽媽講印度話」「何景榮他們家是印度人」的（偽）事實。

雖然我花了很多時間，跟同學們強調：「我媽來自印尼、不是印度！」，並且解釋了印度跟印尼的不同（我也忘了怎麼解釋這兩個國家的不同，畢竟我那時候還沒去過印度）；但久而久之，我也懶得再解釋，直接放棄治療，因為我發現台灣人時常將印度（India），與全名為印度尼西亞（Indonesia）的印尼搞混。可想而知，對於看到所有的白種人都認為是「美國人」的台灣人來說，要分辨印度與印尼的差異，確實有點困難。

講到這裡，很可能會有道德魔人跳出來說教：「台灣人就是不了解東南亞」「不管啦！就是一直歧視東南亞，才會印尼跟印度，傻傻分不清楚！」然而，分不清楚印度跟印尼，並不完全是我們的錯；印度跟印尼之間，真的有著千絲萬縷，剪不斷、理還亂的密切關係。其實，印度這個世界第二大國，對於印尼這個超過八成是穆斯林的世界人口第四大國，一直有著非常深遠的影響。

話說很久很久以前，最早可能在西元一世紀左右（那時候還沒有印尼這個國家），印度教就已經傳入了今天的印尼群島。到了西元五世紀，包括在今天印尼最多人口居住的爪哇島，以及印尼第二大島、世界第三大島嶼的加里曼丹，都建立起數個信仰印度教的王國。至於同樣源自印度的佛教，也早從西元二世紀開始進入印尼。到了西元七世紀，佛教徒更建立起印尼歷史上最強大的帝國——室利佛逝，其領土範圍包含了今天的印尼、馬來西亞、新加坡、汶萊、柬埔寨與泰國各地。

伴隨著宗教的輸入，印度在其他各個領域的影響力，諸如語言、文化、貿易，甚至是飲食，也逐漸進入了印尼群島，並且成為今天印尼文明的一部分。例如印尼最多人口的島嶼爪哇島，其古代的文字，就是以古印度的梵文（Sanskrit）字母拼寫。到了今天，各位在前往峇里島旅遊時，也看得到以印度梵文字母為基礎，所拼寫成的峇里島文字。至於早從一九二八年起，就被獨立運動分子選為國語的印尼文，當然也有很多源自印度的單字，例如太陽（*matahari*）、國王（*raja*）、老師（*guru*）與大學生（*mahasiswa*）等等，甚至連印尼文的麵包（*roti*）這個字，也是源自印度。另外，在印尼各大都市隨處可見的機器三輪車——*bajaj*，同樣是源自印度的產物。

也因此，印度對印尼在文化上的影響，實在是太深刻、太久遠，甚至也影響到了印尼的獨立建國運動。想當年，在二十世紀初期，於「荷屬東印度群島」（Netherlands East Indies）推動獨立運動的青年菁英們，召開了青年大會（*Kongres Pemuda*），大家熱血激昂地訴說對國家獨立的期盼。

印尼各大城市常見的機器三輪車。

熱血青年：「讓我們一起為獨立而奮鬥！為我們偉大的國家，也就是……ㄟ……那個……對了！我們的國家叫什麼名字？」

當荷蘭所殖民的東印度群島要推動獨立運動時，青年領袖們發現：未來的這個新興國家根本還沒有名字！總不能繼續叫「荷屬東印度殖民地」吧？這樣完全沒有獨立國家煥然一新的新氣象！於是，大家左思右想，決定用「群島」（-nesia）這個字尾，來表現這個國家身為「萬島之國」的地理特性；至於文化傳統層面，經過多番討論，這些青年菁英也同意使用「印度」（Indo-）為字首，承認東印度群島在文化傳統上深受印度的影響。於是，結合「Indo-」與「-nesia」兩個字根，「印度尼西亞」（Indonesia）這個國名於焉誕生！

接著，在制定印度尼西亞共和國（*Republik Indonesia*）「團結且統一象徵」的印尼國徽時，印度文明也插上了一腳！講到這邊，先岔個題外話。大家應該都聽過華人文壇的大師金庸，也聽過他筆下的著名小說《天龍八部》吧？各位曾經想過，「天龍八部」到底是哪八「部」嗎？其實，八部指的不是段譽、喬峰、王語嫣，也不是林志穎、賈靜雯、高圓圓，而是印度教與佛教傳說的護法隊伍中，以「天眾」「龍眾」為首的八大護法神；而天龍八部的其中一部「迦樓羅」，又稱為大鵬金翅鳥，實際上就是加魯達（Garuda），也就是做為印尼國徽的那隻護國神鷹。所以，就像華人會自稱「龍的傳人」，印尼人也會以「神鷹之子」自居。

其實不只是印尼文化，其他深受佛教與印度教影響的國家，我們在他們的文化裡，也可以看到加魯達神鷹的蹤跡。例如另一個深受印度與佛教影響的國家——泰國，也是以佛教傳說中的加魯達神鷹做為國徽。只不過，「一個加魯達，各自表述」，各位看官請看下頁是否發現，同樣是加魯達，印尼與泰國的國徽，有什麼不一樣之處？沒錯，差別就在於泰國國徽的加魯達，有著鳥頭、鷹翅，卻保有人類的軀幹（包括雙手與上半身），不像印尼的加魯達，完全就是禽鳥的造型。換言之，印尼版本的加魯達神鷹，原本印度神話中酷似人形的軀幹部分，被刻意地淡化處理，而與印尼以外的其他國家仍舊維持著人體造型的加魯達有所出入。

印尼的加魯達之所以與眾不同，跟印尼當代強調妥協的民族特性很有關係。

一個加魯達，印尼、泰國版本各自表述。上為印尼國徽，下為泰國國徽，看官們可仔細瞧瞧。

從印度神鷹雕像可看出鳥頭人身的造型。

當年的獨立運動菁英深知：過往的印尼雖然深受印度文明的影響，然而今天的印尼，畢竟是一個穆斯林占多數的國家，而伊斯蘭教是禁止崇拜偶像的（所以就算是穆斯林最崇敬的阿拉真神或先知穆罕默德，也禁止描繪出祂們的面容與形體）。為了顧及占多數的穆斯林同胞的感受，建國先賢於是妥協，並將加魯達調整成為純粹的老鷹樣貌，也就是各位今天所看到、作為印尼國徽的加魯達神鷹。話雖如此，在絕大多數印尼人仍舊信仰印度教的峇里島，還是隨處可以看到維持印度神話中的原始樣貌，有著鷹頭、

在仍舊信奉印度教的印尼峇里島，加魯達神鷹還是維持著原本鳥頭人身的造型。

人身、鳥翅的正統加魯達。

讀到這邊，很多台灣讀者可能會產生一個疑問，那就是：既然印度與印度教對印尼的影響這麼深遠，那為何多數的印尼人，後來會改信伊斯蘭教呢？

對於這樣的問題，身為一個平常大多待在家裡、在鍵盤上跟鄉民筆戰的阿宅，我很難給各位一個確切的答案。一方面，本魯畢竟不是歷史學家，無法花太多時間引經據典並實地考證，給讀者一個「有所本」的確切答案。另一方面，「宗教」是印尼的立國根本，也是一個敏感的議題；如果不是伊斯蘭教士，不可以任意詮釋伊斯蘭教的教義，更不可肆意批評；更何況，「褻瀆宗教」在印尼是刑事犯罪，在宗教議題的處理上，可是絕對馬虎不得。

為了追溯印尼人改信伊斯蘭教的主因，我想了老半天。想著想著，可能是因為太累，不小心就睡著，接著就做了一個夢。所以接下來的內容，都是我做夢夢到的，各位看官別太當真！當然，我也無法對夢中的內容，擔負在台灣或印尼的任何法律責任。

我在睡夢中，看到了伊斯蘭教一直到七百多年前的十三世紀，才從今天印尼最西部的蘇門答臘島開始興盛，接著向印尼的其他各大島傳播開來。一直到距今約五百年前，伊斯蘭教才開始進入爪哇島——這個印尼人口最多、受到印度教洗禮超過千年的島嶼。

那麼，為何伊斯蘭教能在爪哇島廣為傳播，並且逐漸取代印度教與佛教，成為最多印尼人信仰的宗教呢？首先，依照印尼最高學府——印尼大學人類學系的說法，最早是一位叫鄭和（Cheng Ho）的中國穆斯林，將伊斯蘭教帶入爪哇島。是的，你沒聽錯，出生在中國雲南的鄭和，是「色目人」*的後代，是一位信仰伊斯蘭教的穆斯林。鄭和的穆斯林身分，對他造訪中東地區的麥加、阿曼（Oman），以及蘇門答臘島上信奉伊斯蘭教的亞齊，帶來了很多便利，也幫助鄭和跟這些地方與王國的領袖人物，建立了頗為深厚的情誼。一直到今天，在印尼亞齊特區的首府班達亞齊的國家博物館裡，還豎立著一口「鄭和鐘」（*lonceng Cakradonya*），也就是當年鄭和下西洋經過亞齊時，致贈給當地蘇丹（國王）的禮物。

然而，沒事給人「送鐘」（送終），不是很不吉利嗎？我個人認為：這應該只是一個文字上的美麗錯誤，畢竟亞齊王朝不但和大明政權相處愉快，其主政者也與鄭和為同一個宗教的信徒；鄭和應該沒有理由，試圖終結在蘇門答臘島上的亞齊王朝。相較之下，在爪哇島上的印度教與佛教王朝，不但宗教信仰與鄭和不同，而且對於中原政權的到訪，也抱持著不太友善的態度；直到今天，在印尼爪哇島所盛行的皮影戲（*wayang kulit*），還流傳著一齣傳自數百年前的戲碼，述說當年的爪哇豪傑，如何偵破「來自中原的元朝政權，試圖推翻爪哇王朝」的陰謀。

如果我們再回想一下鄭和下南洋的真正動機，也就是找出明成祖永樂皇帝的侄兒、相傳在「靖難之變」後流亡海外的建文皇帝，幫明成祖斬草除根、以絕後患的話。那麼，有沒有可能是因為爪哇的印度教王朝不願配合鄭和的搜查行動，甚至是鄭和發現爪哇人窩藏了建文帝，因此讓鄭和萌生了「要完成使命，

＊就是「眼睛是彩色的人」。元朝把人民分成①蒙古人、②色目人（此類主要是指今天的新疆人、中東人、俄羅斯人等等）、③漢人、④南人，共四個階級。

需先推翻不願配合的爪哇政權」的念頭？當然，對於「建文帝究竟身在何方」的謎題，歷史學家至今沒有確切的答案。我們也只能發揮一下小說家的想像力，讓這起數百年前的無頭公案變得更為離奇有趣。

好吧！就算鄭和將伊斯蘭教帶入了爪哇島，那伊斯蘭教又如何可以在短時間之內，就取代了印度教與佛教，成為爪哇島多數居民的宗教信仰呢？當然，這個問題的答案，又是眾說紛紜。依據我自己在夢中所見（是的，不負責小編還在做夢當中，所以別對我的答案太認真——認真你就輸了！），關鍵應該是「媒體」。

看到這邊，有些讀者或許已經受不了了：「何景榮你會不會太嘴砲？五百多年前又沒有報紙、電視、網路，哪裡來的媒體啊？」然而這些讀者可能誤解了媒體最原始的意義；事實上，所有傳播資訊的媒介，都可稱之為媒體，當然也包括記載宗教典籍、傳播宗教教義的各式載具。也因此，何老師合理地推斷：來自中國的鄭和，不但將伊斯蘭教引入爪哇，而且從媒體傳播的觀點來看，他還帶來了兩大傳教利器，那就是中國所發明的造紙術與印刷術。因此，依照我

（在夢中的）推斷，伊斯蘭教就是靠著大量的紙本印刷，讓《古蘭經》與先知穆罕默德的《聖訓》等經典，能夠在短時間內大量於爪哇島開始散播，並深入原本在爪哇社會中，不被重視的中下階層與低階種姓等民眾身上。試問：依賴石板雕刻來記載經文的印度教與佛教，如何能夠與擁有如此媒體利器、以排山倒海之姿，而得以大量傳播的伊斯蘭教義匹敵？

此外，我還有一些旁敲側擊的證據，證明伊斯蘭教在爪哇島的興盛，是靠媒體的傳播，而不像其他地區，靠武力征伐的方式。首先，今日爪哇島上占多數的穆斯林，信仰的雖然是伊斯蘭教，卻仍保有相當程度印度教與佛教的傳統習俗。例如爪哇鄉間仍舊相當盛行各種被正統伊斯蘭教所禁止、而與印度教一脈相承的巫術；在中爪哇的梭羅（Solo）等城市，依舊維持著像「世家登」（Sekaten）這類印度教與佛教的儀式型態，來慶祝伊斯蘭教先知穆罕默德的誕辰（請參照〈世家登：不是大甲媽，而是穆聖爺的遶境〉）。

更重要的是，印度教與佛教所遺留下來的寺廟與聖殿，大多只是逐漸荒廢、被世人遺忘，然而大致的主體結構卻依舊完好；例如接下來會提到的婆羅浮屠佛寺與普蘭巴南神殿，被近代的考古學家發掘出來之時，大體上相當完整，並未遭到大規模且計畫性破壞的痕跡；這與很多經過戰爭洗禮而皈依伊斯蘭教的地區，原本的宗教建築飽受戰火摧殘，甚至被蓄意地拆除、焚毀或剷平的情況大相逕庭。從印度教與佛教在爪哇島並未被「斬草除根」的跡象看來，伊斯蘭教應該是靠著傳播媒體的力量，以和平、漸進的方式，逐漸躍升為爪哇島的主流宗教。

最終，伊斯蘭教成了爪哇島，乃至印尼全境最多人信仰的主流宗教。那不願皈依伊斯蘭教的爪哇人，該怎麼辦？事實上，當初很多在爪哇島的印度教徒，選擇跨海東渡、到峇里島繼續他們的生活，也因此，今日的峇里島，超過九成以上的居民依舊信仰印度教，並保存相當多印尼古代的文化精髓。總而言之，不論是源自印度的印度教與佛教文明，或源自中東、由中國人所傳入爪哇島的伊斯蘭教信仰，都已經交融為今天印尼文化的一部分。或許就像印度一樣，印尼多元的宗教、兼容並蓄的文化，正是她具有獨到魅力、值得大家再三探索之處。

INDONESIA

14

一個印尼，兩個世界

過去有便車童悲歌，現在呢？

一張張木然的臉上泛著空洞的表情，凝望著車水馬龍的雅加達大街。這些孩子不斷對著來往的車輛招手；運氣好的話，他們可以搭上豪華嶄新的進口轎車，體驗一下與他們近在咫尺、卻又相隔萬里的另一個階級。這些孩子坐在轎車內，總是不發一語，因為孩子知道，這些有錢、有車的大人物，並不想知道孩子生活的點點滴滴；大人只希望趕快通過管制區，就可以把孩子丟包在路邊。至於領了小費、被丟包後的孩子，則繼續在管制區外的路口徘徊，一臉茫然地等待下一位恩客；孩子們不知道自己會搭上的下一台車在哪裡，也不知道未來的人生方向在哪裡。

這就是過去二十多年，雅加達每一個「便車童」（*joki*）日常生活的寫照。在談論這個印尼獨步全球的特殊行業前，要先從雅加達市政府當初一項莫名其妙的政策開始說起。

為了改善市中心日益壅塞的交通，雅加達市政府從一九九二年開始執行高乘載政策，將市中心最容易壅塞的幹道劃為管制區，並要求管制區內的每輛汽車裡，包含駕駛，必須乘坐三人以上，因此被外界稱為「三合一」方案。

沒有遵守三合一方案的汽車駕駛人，依法當然必須開罰、繳交交通罰款；不過，依據我過去在印尼居住多年、搭乘過無數次車輛的經驗，印尼實際上是沒有「罰單」這個東西的！因為對於違規的駕駛人，路邊的交通警察通常會直接跟你索賄；對於駕駛人來說，如果真的吃了罰單，依據印尼法令還要上法庭向法官說明，曠日費時；所以，像是違反高乘載管制這樣的小違規，通常員警攔下駕駛人，說明違規事項後，雙方會很快達成協議，銀貨兩訖、現金交易，員警滿臉笑容地恭送車主（或財神爺？）離開，車主也樂得輕鬆，不用為了這點小事出庭。

除了替員警增加新的收賄管道之外，三合一方案更衍生出另一項社會問題，那就是前述「便車童」的誕生。越來越多的中小學學童，跑到市中心的三合一管制區外圍，站在路邊，向只有一到兩名乘客的車輛招手。不符合高乘載管制的車輛，會停下來讓便車童上車，以便湊滿人數；等到駛出管制區、給了小費之後，便車童就可以下車，繼續在管制區另一端的路邊，等候下一位恩客的上門。一整天下來，這些孩童或青少年的收入也頗為可觀。久而久之，雅加達很多民村（*kampung*）*裡的父母，開始要求子女蹺課或輟學，到街邊擔任便車童來貼補家計。

舊式的便車童，可以依照年齡劃分為兩大類：一種是國小四到六年級，也就是不滿十二歲的兒童便車童；另一種則是十二到十五歲，處於國中適齡階段的

---

* 就是老舊社區。通常因為都市化之後，市區範圍擴大，將原來郊區的農村納入。那些原本屬於農村、不願意搬遷的釘子戶，就會變成在商業中心高樓大廈旁的貧民窟。以台北市來說，類似的有公館的寶藏巖、萬華的剝皮寮、信義區的四四南村等。

少年便車童。兩種便車童各自衍生出相應的社會問題。兒童便車童由於依法必須在小學上課（印尼的國民義務教育到小學階段），家長們必須不斷想出很多光怪陸離的藉口，幫孩子請假，或是乾脆讓孩子輟學，長期下來也挺麻煩的！當然，年紀太小的便車童，獨自一人在外遊蕩，也會有人身安全上的疑慮；不過這並不是會讓孩子出門幹這行的父母，所主要考量的問題。誰說「天下無不是的父母」呢？

相較之下，少年便車童較能夠照顧自己的人身安全，也比較沒有蹺課與輟學的隱憂。然而，由於曾經發生過少年便車童上車之後，持械搶劫或性騷擾女性車主的案例，因此雅加達車主們也就越來越排斥招喚少年便車童，以免危及自身在車內的生命財產安全。

為了迎合廣大車主顧客們的需求，久而久之，雅加達便車童市場又衍生出了新的產品，即「二合一」版本的便車童，也就是由一名女性擔任媽媽，抱著一名嬰兒的搭配，站在路邊向過往車輛招手，要求搭便車、賺小費。

為了因應「三合一」政策，所衍生出的「新興二合一」服務，不但不會出現騷擾女車主的情況，而且不論是抱著嬰兒的婦女或嬰兒本身，都很難搶劫車主（你看過嬰兒搶劫的嗎？還是有一邊餵奶、一邊搶劫的劫匪？）。況且一大一小兩人，一次就提供了兩個配額，讓車主直接跨過三合一的門檻，不用花費兩次的時間與力氣來找尋兩名便車童。因此，自從二合一便車童問世之後，便廣受雅加達車主的好評，也造成很多家庭主婦「拋家帶子」，上街賺外快。

然而，雅加達當地的幫派，原本就有從事出租嬰兒的營生，讓一些女性乞丐帶著租來的嬰兒上街乞討、博取同情以增加收入。母子二合一便車童問世後，很多來自市內貧民區或鄉下農村的單身婦女，也開始向犯罪集團租借嬰兒來擔任便車童；影響所及，不但讓印尼當地販賣人口、拐騙嬰兒的勾當，變得更加猖獗，幫派分子對便車童市場的掌控，也變得更為徹底且牢固。

最可悲的，則是雅加達官方對高乘載管制與便車童問題的處理態度。自從便車童問世後，雅加達交通警察就多了一項賺外快的管道，那就是將貌似載有便車童（包括：兒童版、少年版或母子合體版）的汽車攔下，向疑似便車童的乘客詢問駕駛的姓名，以及彼此之間的關係；接著，再檢查駕駛駕照上的姓名。

如果便車童答錯，或是答不出駕駛的名字，警察就威脅以偽造文書或妨礙公務等罪名送辦，藉機索賄。

簡言之，雅加達的三合一高乘載管制實施二十多年以來，不但沒解決日益嚴重的塞車問題，反而衍生出學童輟學、販賣人口猖獗、警察更加貪汙、腐敗等新興社會問題。然而，雅加達市政府卻鮮少檢討這項政策，讓「三合一」這個社會亂源持續被推行二十多年。一直到二〇一六年三月，挾著高人氣的雅加達市長鍾萬學才毅然決然地，下令中止這項為人詬病已久的苛政。

時至今日，漫步在雅加達的街邊，儘管交通依舊壅塞，卻已不復見當年沿街站滿便車童的奇景。或許，雅加達因此少了一項重要的觀光景點，讓沒能目睹當年盛況的各位深感可惜；然而，便車童的消失，卻也意味著更多的孩子能夠回到學校上課，更少的嬰兒會被人口販運集團所拐騙與販賣，仔細想想，豈不也是美事一樁？

INDONESIA

15

穿裙子的不能當三軍統帥？

在伊斯蘭教與民族主義間拉扯的印尼總統們

我是個出身微寒的「庶民教授」，想當年還在當學生時，可說是一窮二白，每逢暑假來臨前都會想方設法，購買台北與雅加達間的廉價來回機票，才能在長達三個月的暑假期間，飛到印尼去找親戚們蹭飯吃。

話說十多年前的某個暑假，我的計謀得逞，在暑假期間飛到了雅加達，投靠我事業小有成就的二姊。有一天，姊姊的友人請客，讓我可以跟著到雅加達南區的高檔餐廳「阿一鮑魚」，品嘗來自香港的道地美食。雖然說在雅加達這個世界第六大都會，只要有錢，任何山珍海味都吃得到，但是像阿一鮑魚這樣的高檔餐廳，特別是馳名的港式烤乳豬，像我這種窮學生，平常可是連想都不敢想！

正當我大快朵頤、猛啃烤乳豬之際，在場的顧客群突然出現了小小的騷動。原來是當時的印尼總統梅嘉娃蒂的妹妹，淑瑪娃蒂（Sukmawati Soekarnoputri）一家人，吃完飯正在結帳，順道跟周遭的總統粉絲打招呼、閒話家常。

「奇怪，總統跟她的妹妹，不都是穆斯林嗎？」我這個單純的學生，忍不住發問，「那淑瑪娃蒂一家人怎麼會來吃這家有賣豬肉、非常不『清真』（*halal*）的餐廳？」

當時我也沒料到，十多年後，淑瑪娃蒂因為在公開的慶典場合上吟詩作對，詩詞內容涉嫌汙辱伊斯蘭教，在印尼引起了軒然大波。

「他們一家人，就很不穆斯林啊！」身旁的長輩回答。「之前很多謠傳，都說梅嘉娃蒂總統私底下信仰的，根本不是伊斯蘭教，而是印度教！」

哇！這也未免太勁爆了！當時我還不知道：不但梅嘉娃蒂本人曾在峇里島這個印度教聖地住過很長一段日子，就連梅嘉娃蒂的祖母、也就是印尼國父蘇卡諾的母親，也是一位不折不扣、信仰印度教的峇里島人。

蘇卡諾的「那沙共」

或許就是這樣的家庭背景，讓母親為峇里島人，父親為穆斯林、爪哇人的印尼國父蘇卡諾，從小深受多元宗教的薰陶；再加上身為印尼民族獨立運動的領袖人物，又曾於留學荷蘭期間接觸過左派思想，讓蘇卡諾於印尼獨立、擔任總統後，大膽提出了獨創的「納沙貢」（NASAKOM）思想，取三個單字的字首，企圖將民族主義（*Nasionalisme*）、宗教（*Agama*）與共產主義（*Komunisme*）這三股勢力結合在一起，藉以鞏固蘇卡諾當時宣布的政府體制——「指導式民主」（*Demokrasi Terpimpin*，其實就是「我蘇卡諾來指導，你是民、我是主」的假民主）。

了解印尼歷史的人都知道：蘇卡諾在公開場合鮮少穿著爪哇式或穆斯林式的服飾，而都以軍裝或西裝亮相，一方面凸顯他跨族群、跨宗教，身為全印尼共主的身分，另一方面則凸顯他與世俗化、高舉印尼民族主義的軍方站在一起，並且反對那些在離島以特定宗教為號召，企圖推動地方獨立的分離主義勢力。

蘇卡諾在公開場合的日常打扮。

一九六一年蘇卡諾與甘迺迪總統於白宮午宴。©Robert Knudsen. White House Photographs. John F. Kennedy Presidential Library and Museum, Boston

然而，自從蘇卡諾推出「納沙貢」，試圖將共產主義納入統治陣營後，就引起由日本殖民政府（一九四二至一九四五年）所一手扶持、長期以來抱持軍國主義與堅定反共立場的印尼國軍（*Tentara Nasional Indonesia*，TNI）的極端不滿，間接導致日後挺蘇卡諾與反蘇卡諾兩派軍人的涉入，於一九六五年所發生的「九三〇事變」。關於九三〇事變到底真的是由印尼共產黨發動的政變，還是反共的軍方將領所自導自演、藉機奪權？至今仍眾說紛紜，反正大家目睹的結果就是：這場「政變」迅速地被弭平，而治軍無力、治國無方的蘇卡諾總統則被軟禁，由平亂有功的蘇哈托少將接位、總攬大權。

至於被指為九三〇事變元凶的共產黨，則成為千夫所指的對象。全印尼各地不分軍民，自發性地發起了剿共的運動，開始逮捕、屠殺共產黨人；這波反共風潮的背後，除了軍方勢力的鼓勵外，共產黨長期鼓吹無神論，並強推土地改革、要求地主釋出土地以貫徹「耕者有其田」的立場，得罪了包括清真寺、教會、印度教寺廟等地主階級（什麼？你不知道宗教團體也可以很有錢、可以是大地主？小心台中的「海景第一排」消波塊在呼喚你⋯⋯）。也因此，就連宗教信仰南轅北轍、平常在國會裡互不對盤的亞齊（信仰極端派的一神論伊斯蘭教）與峇里島（信仰多神論的印度教）兩個省分，兩地民眾都不約而同地開始清鄉、剿共，讓印尼共產黨員近乎絕跡；而共產主義也從此退出了印尼的政壇，獨留「宗教」（主張印尼應該獨尊伊斯蘭教的激進勢力），與「民族主義」（強調印尼應維持多元宗教的基本國策、國家的地位置於宗教之上）兩股勢力，繼續在政治光譜上拉鋸。

蘇哈托：對伊斯蘭勢力的兩手策略

既然共產主義勢力已經在印尼灰飛煙滅，那麼掌控大權的印尼軍方接著要整肅的對象，就是激進派的伊斯蘭勢力；包括了位於印尼最西部、盛產石油與天然氣，信仰極端保守派伊斯蘭教，又有獨立運動叛軍不斷在活動的亞齊。因此，接替蘇卡諾成為印尼總統的蘇哈托，從一九六七年開始擔任總統後的三十年間，就不斷力推世俗化、抑制極端派的伊斯蘭勢力。我曾在八〇年代末、九〇年代初，在印尼雅加達就讀小學；印象中，當時印尼的公家機關與各級公立學校，鮮少看到女性公務員與女學生穿戴頭巾，就可知道軍方背景的蘇哈托政權，一開始是多麼盡力地在抑制激進派伊斯蘭勢力的蠢蠢欲動。

當然，蘇哈托與軍方勢力當初打壓伊斯蘭勢力的目的，是為了鞏固政權；那麼有朝一日，如果必要，當然也可以為了權位，而改與伊斯蘭勢力合作，特別是當國父蘇卡諾的女兒梅嘉娃蒂，代表著世俗化的民族主義勢力，開始在政壇嶄露頭角，成為蘇哈托政權一大威脅之際！

首先，蘇哈托於一九九一年前往沙烏地阿拉伯，以總統之尊前往聖城麥加朝覲，藉以拉攏伊斯蘭勢力。接著，梅嘉娃蒂於一九九三年底當選了反對黨印尼民主黨黨主席，成為民族主義派反政府勢力的領導人物後，蘇哈托政權隨即展開反制，打壓印尼民主黨，並且在一九九六年策動該黨人士召開臨時全國黨代表大會，罷黜梅嘉娃蒂的黨主席之位、另立親政府的人士為黨主席，迫使梅嘉娃蒂隨後另立黨中央、成立鬥爭派印尼民主黨。最後，當蘇哈托政權於一九九八年深陷亞洲金融風暴危機、政權搖搖欲墜之際，蘇哈托仍堅持提名科技部長、印尼穆斯林知識分子協會（*Ikatan Cendekiawan Muslim Indonesia, ICMI*）主席哈比比（B. J. Habibe）擔任副總統，可見軍方與蘇哈托政權拉攏穆斯林菁英分子的迫切性。

「穿裙子的」讓給「戴帽子的」！

然而，當蘇哈托總統因為金融風暴與學生民主運動的雙重壓力，被迫於一九九八年五月辭職，副總統哈比比繼任為總統（哈比比只做到隔年十月，過渡性地擔任了一年五個月的總統）後，「誰應該是下屆印尼總統」的問題，讓伊斯蘭勢力與民族主義派之間的矛盾與鬥爭，再次浮上檯面！身為民族主義派龍頭、領導反蘇哈托政權有功的梅嘉娃蒂，理應擔任下屆的印尼總統，卻因為女性的身分，受到了保守伊斯蘭勢力的杯葛。經歷了國會內部各勢力的反覆磋商、各派系間的合縱連橫（當時的印尼總統尚未直接民選，而是由國會間接選舉產生），一九九九年的印尼國會，最終選出了全球最大伊斯蘭教組織「印尼伊斯蘭教士覺醒會」的總主席，別名「古斯都爾」（Gus Dur）的穆斯林學者瓦希德（Abdurrahman Wahid）擔任印尼總統；身分不夠政治正確的梅嘉娃蒂，則只能屈居副總統之位。這個時候，應該是身為新興民主國家的印尼，其伊斯蘭教勢力在政壇上達到頂峰的階段。

不過要注意的是：瓦希德能夠被推舉為印尼總統，關鍵在於他在伊斯蘭社群

印尼第四任總統瓦希德，從總統玉照中可看出瓦希德患有眼疾、視力極差，其總統任期的後期，已到了接近全盲的程度。©National Information and Communication Agency, Republic of Indonesia

印尼國父蘇卡諾之女、抗爭派印尼民主黨黨主席梅嘉娃蒂。©National Information Agency, Republic of Indonesia

裡享有極高的聲望，而不是因為他的伊斯蘭教立場偏向激進、有任何煽動極端派群眾的能力。相反的，身為溫和派穆斯林的瓦希德，最為人津津樂道之處，反而在於他對多元族群的開放、友善，例如在二〇〇〇年下令取消蘇哈托執政時期所制定的各種歧視性規定，允許華裔國民（*warga Tionghoa*）「得以在公開場合奉行自己的宗教、習俗與文化」，讓華裔印尼人不但可以慶祝陰曆新年（*Imlek*），更可以開設學校、教授華語文。也因此，瓦希德被華裔印尼人尊稱為「印尼華裔之父」（*Bapak Tionghoa Indonesia*）。

相較之下，身為學者的瓦希德，似乎不善處理跟軍方以及民族主義政黨之間的關係；尤其是瓦希德接連罷黜大聯合內閣裡，蘇哈托威權時代的前執政黨「戈爾卡黨」籍的內閣閣員，更讓總統與國會之間的關係變得雪上加霜。在國會對瓦希德提出貪汙指控後，瓦希德曾試圖要求軍方出身的政治、法律和安全統籌部長*尤多約諾支持他宣布戒嚴，但卻遭到拒絕。最後導致二〇〇一年七月，軍方公然導向與瓦希德勢同水火的國會；軍方派出四萬名軍力保護國會，並將坦克車的砲管指向瓦希德所在的總統府，藉以保護國會順利進行投票。國會最終高票通過彈劾總統瓦希德，並且由副總統梅嘉娃蒂接任總統，開始了女性領導全球最大穆斯林國家的序曲。

不敵「印尼馬英九」的崛起

身為民族主義派的代表人物，梅嘉娃蒂上任總統後的首要目標，當然就是維護國家的團結，並且削弱伊斯蘭分離主義的勢力；也因此，在梅嘉娃蒂的任內，她對印尼國土最西邊的亞齊展開軍事行動，打擊「亞齊獨立運動」（*Gerakan Aceh Merdeka, GAM*）的叛軍勢力。

這算得上是一著好棋。畢竟早從印尼國父蘇卡諾的時代，印尼國軍就有軍

＊ 印尼是總統制國家，不設總理，而是設有三到四名的統籌部長（*Menteri Koordinator*），統籌協調數名部會首長，分工扮演著類似副總理的角色。以瓦希德時代為例，當時共有三名統籌部長，分別總掌政治安全、經濟、人民福利等施政領域。

人干政的傳統；到了軍事強人蘇哈托「新秩序」的執政時期，為了拉攏軍方勢力，更是以「推動國家發展」的名義，讓現役將領堂而皇之地擔任各個國營企業的董事長，坐擁高薪。例如一九七五年當時的印尼國營石油公司，就因為軍方將領的管理不善，陷入債台高築、差點倒閉的局面。「石油自己噴出來，明明坐辦公室收錢就好；這些腦包竟然賣石油也可以賣到虧錢！」印尼民眾對於軍方不務正業，既干政又撈錢的行徑，積怨已久。如今梅嘉娃蒂總統派軍人去打仗，維護國家團結。打贏了，選民會覺得是梅嘉娃蒂替印尼的民族團結建功立業；如果打輸了，那民族主義陣營也可以讓軍方當代罪羔羊，「捍衛國家是軍人的本業；你們口口聲聲說為了國家的前途而干政，但是現在連最基本的國家統一都維繫不了，你們這些不務正業的軍人還好意思繼續撈錢、干政？」對亞齊的軍事行動，最終於二〇〇四年底的南亞大海嘯、造成當地死傷慘重，政府與叛軍被迫進行和談收場。

然而，除了在維護國家統一的民族主義立場上表現不俗，梅嘉娃蒂其他的施政，可謂乏善可陳，而偏偏她個性上又優柔寡斷，推動的政策朝令夕改，讓原本支持她的政治盟友逐漸感到不耐；再加上大學中輟的學歷、爪哇大媽的舉止，使得這位印尼國父的女兒在媒體上所投射出的形象，漸漸地不被印尼民眾所喜。相反的，曾先後在瓦希德與梅嘉娃蒂的內閣裡擔任政治統籌部長，卻多次與現任總統意見相左的尤多約諾，其與梅嘉娃蒂截然不同的形象，逐漸被印尼社會大眾所重視，進而搖身成為最新崛起的政壇寵兒。

由於尤多約諾在印尼崛起的時期，相當於台灣的馬英九成功連任台北市長、政治聲望如日中天之際，因此我常戲稱尤多約諾是「印尼馬英九」。事實上，兩人也頗多相似之處。首先，尤多約諾雖然是軍人出身，但是跟馬英九一樣，都曾留學美國、喝過洋墨水；而且尤多約諾跟馬英九一樣，都擁有博士學位，只不過尤多約諾在印尼茂物農業大學的博士學位，是在總統就職典禮前幾天才完成口試的（但是至少強過大學肄業的梅嘉娃蒂）。此外，就像外表帥氣的馬英九一樣，印尼政壇人士普遍認為軍人出身、外表高大挺拔、又富有「儒將」氣息的尤多約諾，在外貌上勝過身材略嫌臃腫的梅嘉娃蒂，而更能在媒體時代獲得選民青睞。最後，尤多約諾與馬英九在個性上最相似的一點，就是非常的

「不沾鍋」，尤多約諾跟當時印尼政壇上的各個既得利益者，都沒有太深入的交情，也因此在選舉時較沒有人情包袱、也讓對手很難找到攻擊的痛腳。

就是這種漂亮的形象、不沾鍋的特性，讓尤多約諾順利於二〇〇四年印尼第一次的總統直選當中，先是於七月的第一輪選舉脫穎而出，接著再於十月的第二輪選舉擊敗現任總統梅嘉娃蒂，開啟了橫跨兩屆任期、前後長達十年，堪稱印尼走向民主化之後最為穩定的「尤多約諾時代」。由於尤多約諾與梅嘉娃蒂都隸屬於廣義的民族主義陣營（只不過梅嘉娃蒂的伊斯蘭色彩更淡、民族主義的色彩也就更強一點），因此外界普遍認為尤多約諾執政的十年，是民族主義陣營聲勢達到頂峰的黃金十年。就連在二〇〇九年的第二次總統直選裡，梅嘉娃蒂找了前總統蘇哈托的女婿、有軍方背景的普拉博沃擔任副手，再次挑戰總統大位，最終依舊不敵聲勢如日中天、在第一輪選舉就席捲六十％選票的尤多約諾。

等一下!!細心一點的讀者可能已經發現：「咦？梅嘉娃蒂不是蘇哈托的死對頭嗎？那怎麼還找他的女婿搭檔競選？」事實上，印尼政壇有趣之處，就在於沒有永遠的敵人，更沒有永遠的朋友！而普拉博沃正是當中的代表性人物。出身軍人的他，不但合作的對象可以改變，就連自身原本偏向民族主義的意識形態，也可以依照接下來選舉的情勢，因時制宜地變化。

「庶民市長」佐科威的崛起

大約就在尤多約諾於二〇〇四年贏得總統大選後沒多久，出身家具商人、外表其貌不揚的佐科威，以三十七％的得票率，贏得了中爪哇小城市梭羅的市長選舉。原本這算不上政壇的大事，但是佐科威勤走基層、傾聽市井小民的心聲，幫助梭羅市府順利完成原本非常棘手的市場搬遷工作；他廣設人行道與公園，讓梭羅市變得對行人更加友善（在雅加達等印尼大都市居住過的人，就知道印尼很多城市都是「駕駛人本位」的建設方向，欠缺對行人友善的徒步環境）。他成功舉辦世界音樂節，並且讓梭羅申請為世界遺產城市，幫助梭羅行銷國際。也就是這樣踏實而有遠見的政績，讓佐科威在二〇一〇年競選連任梭羅市長時，竟然拿下了高達九十％的得票（整個梭羅市，他只有一個投票站沒有贏）。

這樣的「佐科威奇蹟」，很快地透過了媒體而傳遍印尼各地；而佐科威所屬的鬥爭派印尼民主黨，也決定徵召他，與被暱稱為「阿學」的華裔基督徒鍾萬學搭檔，參選二〇一二年首都雅加達的省長選舉。當佐科威贏得雅加達省長選舉後，抗爭派民主黨的主席梅嘉娃蒂決定乘勝追擊，推派佐科威參選二〇一四年的印尼總統大選。

佐科威與普拉博沃：得穆斯林者得天下!?

佐科威投入總統大選，讓原本也屬泛民族主義陣營、二〇一二年曾支持他競選雅加達省長，且早已表態參選二〇一四年總統的普拉博沃氣得跳腳！也因此，普拉博沃挑選了伊斯蘭政黨「國民使命黨」黨籍的副總統搭檔，並獲得了「建設團結黨」「福利公正黨」「星月黨」等伊斯蘭政黨的支持後，正式投入了與佐科威之間的一對一廝殺。

二〇一四年的印尼總統大選有一個特色，那就是跟同年台灣舉行的縣市長選舉一樣，網路媒體成為選戰的主戰場；各候選人支持者所組成的網軍在線上叫陣、對罵，各式各樣的影片比文章更容易獲得較高的點閱率，更不乏不勝枚舉的網路謠言與假新聞充斥其中。原本聲勢達到頂峰，預料在這次大選可以輕鬆過關的佐科威，卻在網路上受到了出乎意料的大規模攻擊，而且攻擊主軸大多針對佐科威的身分，包括了指出他其實並非爪哇人，而是華裔；私底下信仰基督教，而且過去曾經是印尼共產黨的支持者。在一個八十七％國民為穆斯林，並且以反對共產黨、反對無神論作為基本國策的民主國家裡，這些指控勢必對佐科威的選票基礎，造成了一定程度的傷害。

也因此，就在七月九日投票日的前兩天，也就是法定的選前「冷靜期」＊（*Masa Tenang*）的七月六日到八日間，佐科威偕同他太太，前往伊斯蘭教的聖

＊編註：印尼政府規定投票前三天，禁止候選人進行造勢活動。

地、沙烏地阿拉伯的麥加朝覲，用行動粉碎「佐科威不是穆斯林」的謠言。開票結果，佐科威以五十三%的得票率，險勝普拉博沃的四十七%。儘管普拉博沃隨後提出選舉不公、當選無效之訴，也無法改變佐科威接下來五年擔任總統的事實。

這次的伊斯蘭牌奏效，讓佐科威與普拉博沃同時了解到：在選戰的關鍵時刻，穆斯林選票是決定選舉勝敗的關鍵。也因此，到了五年後的二〇一九年，當佐科威競選連任、再次遭到宿敵普拉博沃挑戰時，雙方都想方設法、鞏固自己在伊斯蘭勢力的支持選票。佐科威除了獲得星月黨與建設團結黨等伊斯蘭政黨的倒戈支持外，還提名了印尼伊斯蘭

競選文宣，可看出二〇一九年印尼選舉的兩組候選人及其各自的支持政黨。左：佐科威與阿敏，右：普拉博沃與桑迪阿加。資料來源：印尼中央選舉委員會（Komisi Pemilihan Umum）網站。http://kota-cirebon.kpu.go.id。

學者理事會（Majelis Ulama Indonesia, MUI）的主席阿敏（Ma'ruf Amin）擔任副總統。至於普拉博沃，雖然提名了有留美背景、堪稱天菜級帥哥的雅加達副省長桑迪阿加（Sandiaga Uno）來爭取女性與文青選票，但是普拉博沃本身在這次選舉的用字遣詞與形象塑造，卻變得更宗教、更伊斯蘭，意圖拉攏極端派穆斯林選民的用意，不言而喻。

這次的大選，雙方網軍好像跳針一樣，繼續糾纏在五年前關於「佐科威是不是真正的穆斯林」這類的身分議題。依據佐科威的回應，身為一位虔誠的、時常朝覲的穆斯林，他早在二〇〇三年就完成了大朝覲／正朝（*Haji*）；至於像二〇一四年選前的小朝覲／副朝（*Umrah*），也至少完成了四次以上。也因此，當佐科威總統二〇一九年再度於選前兩天的冷靜期，前往聖地麥加朝覲，似乎也不太讓人感到意外；只不過這次佐科威獲得了沙烏地阿拉伯王室的禮遇，得以進入聖地麥加最神聖的卡巴天房（Kaaba），成為了蘇哈托之後，第二位享有此殊榮的印尼總統。佐科威這次的整體氣勢，完全輾壓了同樣跑到聖地麥加朝覲的桑迪阿加，以及只能在雅加達跳針狂喊「卡巴天房又怎樣？我一九九一那

聖地麥加最神聖的卡巴天房。

年，也跟我岳父蘇哈托進去過啦！」的普拉博沃。

我對神祕的卡巴天房所知不多，但是對《復仇者聯盟》的無限寶石倒是略知一二！印尼二〇一九年的總統大選，彷彿是無限寶石裡的「時間寶石」發揮功效，幾乎完全重複二〇一四年的選舉結果。佐科威再度以五十五％的小幅差距，擊敗得票四十五％的普拉博沃；而普拉博沃也再度抗議選舉不公、聲稱選舉無效。只不過，普拉博沃這次似乎還用上了「現實寶石」，自行宣布當選，試圖翻轉佐科威勝選的現實；而普拉博沃選後全國走透透，到處舉行儀式、自行任命中央與地方各級官員的畫面，也成為印尼年輕人拍攝影片kuso（嘲諷、惡搞）的當紅題材。

莫忘初衷

看完了這幾次的印尼總統選舉，我們可以發現到印尼的選民，真的很善變！雖然民族主義派的選民（其中大多數也是溫和的穆斯林）占大多數，但是每到選舉最後關頭，伊斯蘭的信仰與穆斯林的身分，又會被各陣營候選人拿出來炒作。可想而知，在接下來的印尼大選裡，選民們跟各候選人一樣，勢必要繼續承受民族主義與伊斯蘭勢力之間的反覆拉扯、糾纏。

相較之下，本文標題中的主角梅嘉娃蒂，由於早已卸下了總統一職，日後應該不用再忍受「民族主義者」與「穆斯林」這兩種身分間的拉扯、糾纏。想當初她民調低、連任失敗的原因之一，就是不夠穆斯林（鮮少在公開場合戴頭巾），也欠缺民族主義者慷慨激昂的革命家特質（不像她那位辯才無礙、演說總能煽動人心的父親蘇卡諾）。在佐科威第一次當選後，曾有謠傳梅嘉娃蒂會以黨主席的身分，在背後遙控政局；可是當佐科威的執政體制走上了軌道，漸漸穩固之後，這樣的傳聞也就不攻自破。在二〇一九年總統選舉的辯論之前，身為抗爭派民主黨黨主席的她，還很開心地去找了前競選夥伴、當下競爭對手的普拉博沃合照。

一路以來，或許就是這樣帶點傻大姊的人格特質，讓討厭梅嘉娃蒂的人儘管討厭她，但喜歡她的人卻依舊死忠的原因。我常常在想：從政那麼多年，梅嘉娃蒂到底被政治改變了多少？又維持了多少當初踏入政壇時，那個帶點傻氣、依舊純真的初心？為了找到答案，我每次前往心愛的峇里島旅遊，參觀當地幾間著名的印度教廟宇時，都會順便問問當地人：「梅嘉女士（*Bu Mega*，印尼人對梅嘉娃蒂的習慣稱呼）曾經來這邊參拜過嗎？」

「當然有。」大部分當地的印度教信眾，都面帶笑容，給了我一個讓他們自豪的答案。

INDONESIA

16

印尼國父和我們的國父一樣，母語都不太流利，還有阿宅羨慕死的女人緣

到過印尼雅加達的朋友都知道，雅加達的國際機場叫做「蘇卡諾哈達國際機場」（*Bandar Udara Internasional Soekarno-Hatta*）。很多人，包括小時候的我，都以為印尼國父蘇卡諾的全名，就叫做「蘇卡諾・哈達」。事實上，蘇卡諾與哈達是不同的兩個人。那為什麼兩個人的名字常常連在一起呢？那就要從當年的印尼獨立運動開始說起了！

早在一九二八年，從事印尼獨立運動的年輕菁英，就發表了《青年宣言》（*Sumpah Pemuda*），宣布獨立後的印尼共和國所採用的官方語言，不是殖民者的荷蘭語，也不是多數族群所使用的爪

哇語（*Bahasa Jawa*），而是以當時南洋群島最多人使用的「通用語」（*lingua franca*），也就是馬來語（*Bahasa Malayu*）為基礎，再加上來自英語、荷蘭語、梵語、阿拉伯語、爪哇語和閩南語的各種單字，所混合而成的印尼語（*Bahasa Indonesia*）。

大家可以理解不使用殖民者的荷蘭語，但是為什麼不使用最多人使用的爪哇語呢？關鍵在於印尼破碎的地形。爪哇島雖然是人口最多的島嶼，但卻只是印尼面積第五大的島嶼，而且位置在印尼國土的南邊偏西；最西邊的大島蘇門答臘，素來是基本教義派穆斯林的大本營；最東邊的摩鹿加群島（Maluku）與巴布亞，又是以基督徒為主，在文化上與荷蘭殖民政府的關係較密切。如果使用爪哇語為國語，其他各島的族群必然不服氣，可能印尼還沒獨立成功，就先走向分裂了。

既然決定使用印尼語作為獨立運動的官方語言，那就有點小尷尬了！印尼獨立運動最著名的領導者蘇卡諾，出身爪哇傳統世家，爪哇語流利；曾經留學荷蘭的背景，更是讓他的荷蘭文呱呱叫！至於印尼文……嗯。說是沒問題，但是要寫，就有點小小困難了。其實，這跟我們國父孫中山先生當年所面臨的問題類似，卻又正好相反。孫中山的中文寫作沒問題，但是說起中文（國語、北京話），他那廣東腔的濃厚口音，讓當年召見他的李鴻章鴨子聽雷；溝通不良的結果，或許也埋下了孫中山當年決定跟清廷決裂、推翻滿清政府（打倒那些聽不懂他說話、把他惹怒的滿大人們）的偉大志向！

也因此，儘管蘇卡諾是個天生的演說家，帥氣的外表、極具煽動力的口吻，確實風靡了不少獨立運動的粉絲。但是到了一九四五年八月十五日，日本投降，獨立運動菁英們決定在兩天後的八月十七日，正式宣布印尼獨立時，問題就來了。要發表的印尼獨立宣言，必須能夠流芳百世，其中的用字、文法可不能出錯。偏偏我們風度翩翩、迷倒無數迷妹的帥哥蘇卡諾，爪哇文、荷蘭文都是一把罩，但是印尼文卻是「說得比寫得好聽」；要真的舞文弄墨，可真的有點為難我們的萬人迷先生了！

幸好，蘇卡諾的好兄弟、在獨立運動裡扮演關鍵智囊與文膽角色的哈達先生，是出生西蘇門答臘、在當地大城巴東長大的儒生。哈達所屬的米南加保族，其語言與馬來語非常相似，因此哈達在書寫以馬來文（*bahasa Melayu*）為基礎的印尼文，相對起來會容易很多。於是，兩人之間當年可能出現了這段對話：

哈達：「卡諾哥（*Bung Karno*，爪哇人對蘇卡諾這位獨立運動大哥級人物的尊稱），兩天之後我們就要發表獨立宣言了！你寫好了嗎？」

蘇卡諾：「嗯。你的印尼文文筆比我好。你來寫、我來講吧！」

哈達：「……。好，我寫！」

偉大的哈達先生身為一名學者（謎之音：就是今天台灣所說的阿宅嗎？），似乎很樂意成為印度尼西亞民族的工具人，為國家犧牲奉獻，於是就以他卓越的印尼文文采，接下了撰寫獨立宣言的重責大任。當然，蘇卡諾也沒虧待這位功在國家民族的好兄弟！八月十七日當天，獨立宣言寫好後，由蘇卡諾朗讀、哈達站在一旁，兩人在荷蘭總督府、也就是後來成為印尼總統府的獨立宮（*Istana*

Merdeka），一起向在場的嘉賓，以及無數透過廣播來實況收聽的印尼民眾，正式宣布印度尼西亞共和國的成立。很多外國人到今天都還在質疑為何印尼的獨立宣言可以由兩個人一起發布，也不太了解哈達不發一語、站在一旁的用意。其實這一段改變歷史的宣言，站在舞台前的宣讀者固然重要，然而我們可不能忘記背後操刀者的重要性；就像周潤發與章子怡在《臥虎藏龍》這部電影裡固然演技精湛，但是身為幕後編劇的王蕙玲與蔡國榮，以及主導整個過程的大導演李安，更是功不可沒！

這就是為什麼印尼獨立宣言是由蘇卡諾與哈達共同發表，以及印尼首都國際機場以「蘇卡諾哈達」為名、印尼最大面額的十萬元紙鈔上同時印上蘇卡諾與哈達兩人頭像的主要原因。不過這並不是本文的主軸。畢竟，這種由偶像萬人迷發表慷慨激昂的革命演說，迷倒芸芸眾生，背後卻是無數菁英默默奉獻的故事，也曾經發生在我們熟悉的中華民國革命之中。孫中山當年以流利的英文，以及帶著濃厚廣東腔的中文，在全美各地演講、喚起華僑革命意識；實際上在中國浴血奮戰、幹起苦力活的，也正是黃興、林覺民這些較不出名的二線角色。今天真正要講到的，就是印尼國父蘇卡諾讓無數男性同胞又羨慕又忌妒，足以跟中華民國國父孫文匹敵的人生經驗，那就是：

風流！

對，你沒聽錯。這些亞洲國家的偉大革命領袖，很多都有一段段傲人的風流事跡。想當年孫文接受某媒體的訪問時，對方問他人生最喜歡的兩件事，首先當然就是「revolution」（革命）。接下來，當對方問起除此之外，第二件喜歡的事情時，我們的國父孫大砲先生（因為孫先生的嘴巴真的很會講，故得此美名），面帶微笑，說出了他最喜歡的第二樣東西。

「Women！」（女人）

（各位看官，注意這邊用的是複數喔！）

接下來，再問起孫先生最喜歡的第三樣東西，接下來是……

下面就沒有了！

下面就沒有了！

下面就沒有了！

（因為很重要，所以講三遍！）

中華民國國父只喜歡兩樣東西，而其中「女人」的喜好度，似乎不比慷慨激昂的中國革命遜色！對此有興趣的看官，可以去搜尋孫文先生身為一名蘿莉控的種種事蹟。只是接下來，我們還是要將主軸拉回另一位印尼國父蘇卡諾身上。依據印尼鄉民們的情報，印尼國父蘇卡諾一生最喜歡的，也就是這兩件事物！無怪乎當蘇卡諾成為總統、與泰國皇室會面後，曾經大肆宣揚初次見到美麗的泰國皇后，是多麼地驚為天人，自己又多捨不得放開皇后那雙纖細的小手。（據說，泰皇蒲美蓬曾經私下為此事動怒。）

印尼的國父蘇卡諾，跟我們的國父孫中山先生有一個共通點，就是讓阿宅既羨慕又忌妒的女人緣。蘇卡諾一生前前後後，總共娶了九位老婆，其中還不乏在他最顛沛流離、被荷蘭政府囚禁時，卻仍誓死追隨他的絕世佳人！其中最出名的，就屬印尼國母法瑪瓦蒂（Fatmawati）與黛薇（Dewi）這兩位了。

法瑪瓦蒂與蘇卡諾相差二十二歲（孫某人：嗯～年齡沒有差很多啊!!）。兩人初識時，蘇卡諾還與第二任妻子、比蘇卡諾年長二十歲的英吉特（Inggit Garnasih）有婚姻關係。然而兩年後，因為顯而易見的原因，英吉特「被自願」離婚，蘇卡諾將年方二十的法瑪瓦蒂娶了進門。

然而這位新婚的少婦，並沒有從此過著幸福快樂的日子。兩人結婚時的一九四三年，日本已經占領了印尼；蘇卡諾一方面要協調在各地發動起義的印尼各股武裝力量，另一方面又要與日本人虛與委蛇，透過與日方的表面合作來壯大革命勢力。在接下來兩年的關鍵期間，法瑪瓦蒂一直默默地追隨著蘇卡諾，並協助張羅、打點革命軍所需要的大小庶務；甚至連一九四五年八月十七日，印尼宣布獨立時，在荷蘭總督府所升起的第一面印尼共和國國旗，也都是由法瑪瓦蒂親手縫製的！也因此，儘管法瑪瓦蒂並不是蘇卡諾的第一任老婆，蘇卡諾之後也又娶了很多位太太，但是從印尼建國開始、直到蘇卡諾被罷黜總統大位之際，蘇卡諾與印尼全體國民，都只承認法瑪瓦蒂作為印尼第一位、也是唯一一位的「第一夫人」。

法瑪瓦蒂雖然年輕貌美，又廣受全體國民的愛戴，卻沒有因此贏得國父蘇卡諾的從一而終。一九五九年，五十七歲的蘇卡諾赴日本進行國事訪問，在東京下榻於帝國飯店期間，認識了芳齡十九歲、貌美如花的女服務生根本七保子（Naoko Nemeto）。關於蘇卡諾與根本七保子的相遇過程，有很多不同的版本，眾說紛紜。一說是蘇卡諾訪問東京期間，於銀座的酒廊逍遙快活時，認識了當時擔任陪酒女郎的七保子；另一說則是七保子其實是在美國的授意下，由日本政府刻意安排的女間諜，目的是為了拉攏日益左傾的蘇卡諾，防止他進一步向共產主義陣營靠攏。不過，蘇卡諾並不在意這些流言蜚語，反正他回到印尼後不久，就透過外交管道，向日本「要」到了七保子，將佳人直接送到了印尼雅加達的獨立宮，並且替她取了印尼名「黛薇」，意思為「仙女」，用以紀念初見佳人時的驚為天人。

在獨立宮裡公開擔任蘇卡諾的親密愛人，度過了如膠似漆的三年歲月；一九六二年，黛薇皈依了伊斯蘭教，並成為蘇卡諾的第六任妻子。蘇卡諾到底有沒有依照伊斯蘭教的規定，先取得當時包括法瑪瓦蒂等其他妻子的同意，再迎娶黛薇入門，似乎沒人在意；同樣的，之後蘇卡諾另娶了三位妻子之前，是否徵詢了黛薇的同意，其他印尼人也與黛薇一樣，並不太在意。畢竟，黛薇從頭到尾都沒在意過這段婚姻！

一九六五年的「九三〇事件」後沒多久，陸軍將領蘇哈托透過軍事手段，徹底掌握了國家大權；蘇卡諾遭到軟禁，並且於一九六七年被正式罷黜總統一職。毫無意外，黛薇在蘇卡諾失勢後沒多久，就毅然而然決定離開了他；為了方便懷念這個曾經把她當成仙女的男人，黛薇很夠義氣地帶走了蘇卡諾給她的所有財富，從此周遊在歐洲、美國與日本等地，成為國際上流社會舞台裡不可或缺的社交名人。

同樣是中華民國與印尼共和國的兩位國父，在臨終之前卻面對截然不同的命運。孫中山臨終前，當年清純可愛的小女孩宋慶齡，雖然已經成為獨當一面的政治領袖，卻依然隨侍在側，陪伴孫文走完人生的最後一段路。孫文走得不寂寞，就像離開了蘇卡諾之後的黛薇。不甘寂寞的黛薇，在成為國際社會的社交名人後，恢復了原本的大砲本性（像孫中山當年搞革命時那樣），大放厥詞、屢屢在公開場合失言；之後更在一九九三年以五十三歲的高齡，出版幾近全裸的性感寫真集，企圖抓住青春的最後尾巴，卻也丟掉了印尼民眾對她身為前總統夫人的最後一絲敬意。

至於印尼國父蘇卡諾，儘管過去有著數不盡的豐功偉業，卻在蘇哈托總統的刻意冷處理下，漸漸地從印尼民眾的記憶中褪去。不同於今天的中華民國境內，有著數不清的孫中山銅像；在蘇哈托鐵腕統治的三十二年期間，為了讓世人忘記「從國父手中奪權」這件事，印尼極少有地方豎立起蘇卡諾的雕像，也鮮少舉辦任何紀念蘇卡諾的公開活動。同樣的，國母法瑪瓦蒂，以及蘇卡諾的另外幾位夫人，也是平平淡淡地從歷史舞台上慢慢地退場。當然，這一切的一切，被軟禁的蘇卡諾可能都不知道；就像黛薇也刻意地選擇了「不知道」蘇卡諾在臨終的病榻前，依舊不停地呼喊著他心中那位仙女的名字。

PART

04

印尼知多少？不說你不知道

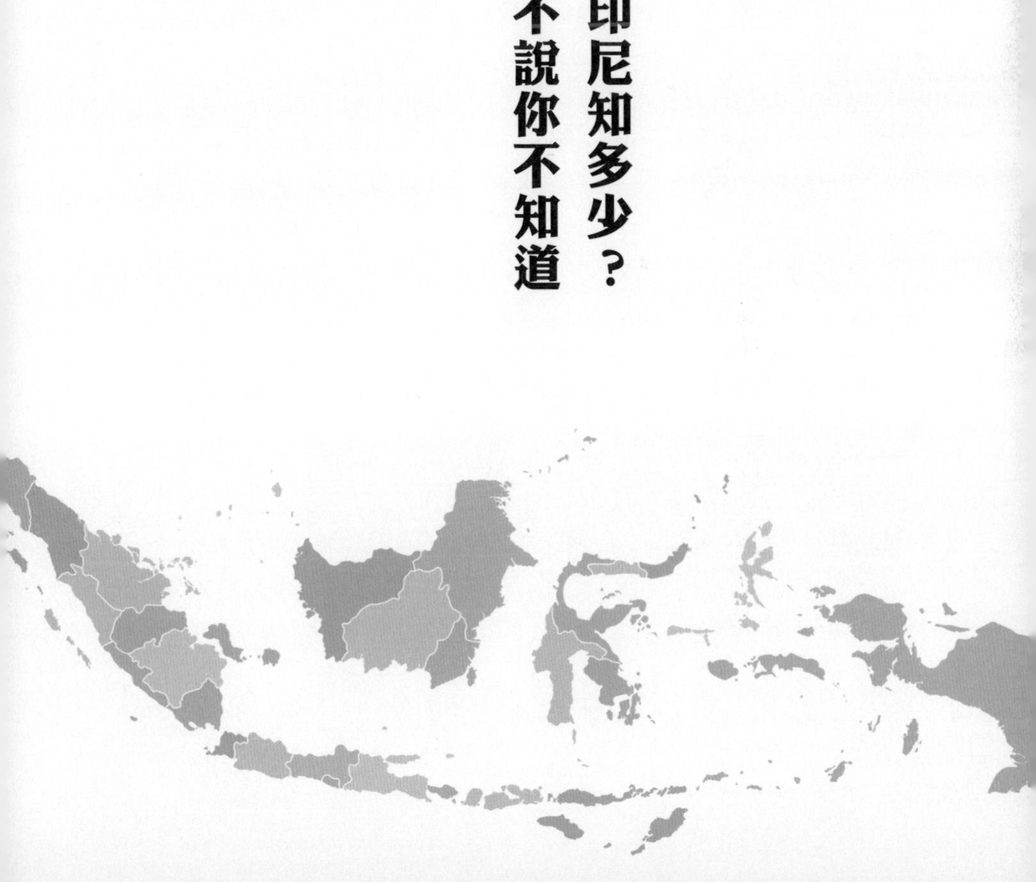

INDONESIA

17

超推美食 vs. 地雷菜單

手抓飯的文化

常常有人問我：「印尼人為什麼喜歡用手抓飯吃？」「唉呦～用手抓東西吃，好不衛生喔！」

坦白講，我在美國住了五年，一天到晚看到美國人用手抓漢堡、炸雞來吃；在台灣跟日本，也看到壽司店師傅用手直接捏壽司。但是，我們卻沒聽過什麼人說：「美國人為什麼喜歡用手抓食物吃？」「日本人用手抓食物好髒喔！」之類的話。同樣的事情，我們可能會用不同的標準，來要求美國人與印尼人。「見人說人話」的台灣人，或許真的是台灣最美麗的風景！

有些台灣人聽到這種說法，可能不服氣：「不一樣啊～漢堡、炸雞是大家都用手抓，可是我們台灣或是其他亞洲國家，吃飯都是用筷子，不然就是用刀叉，不會像印尼人，連一粒一粒的米，都用手抓飯吃。」

好啦，對這種說法，我們就有必要好好澄清一下了。首先，大部分印尼人在日常生活中吃米飯，也是用叉子跟湯匙，方法是：左手持叉子、右手持湯匙，將米飯與配菜，用叉子的背面推進湯匙裡，再送入口中（至於筷子，印尼人也常用，只不過都是拿來吃乾麵；天氣炎熱的印尼，很少在吃湯麵）。不論是否使用器具、用什麼器具吃米飯，真的讓印尼人跟東亞（中、日、韓、台）等國人不一樣之處，在於印尼人喜歡吃的，不是熱騰騰的白飯，而是冷飯！事實上，傳統上印尼人用來盛飯的飯桶，通常是用竹簍或草簍，背後的用意之一，就是讓飯趕快冷卻，這樣才不會燙手。

另外，印尼作為赤道國家，天氣炎熱，如果像是台灣人所吃的、黏性較高的蓬萊米，在煮熟之後較容易臭餿，因此，印尼人吃的米飯，通常顆粒較為飽滿，黏性也不像台灣吃的米這麼強。所以一來，印尼人吃的米飯比較不容易臭餿，二來也比較方便用手抓飯，不會抓完飯之後，手指上殘留著不舒服、黏答答的感覺。

因為吃的是粒粒分明的冷飯，所以搭配的配菜，除了有印尼人最喜歡吃的各種炸物（*gorengan*）之外，有時也會搭配一些有湯汁的菜色。例如爪哇人喜歡吃的各式濃湯，包括雞肉湯（*soto ayam*）與牛肚湯（*soto babat*）等等。有趣的是，印尼的濃湯並不是拿來直接喝的；通常湯品的食用方式，是先在白飯上淋上一匙濃湯湯汁，接著用手指將沾濕的米飯捏成一小球（有時候也會捏一點乾的配菜進去），將這個小飯糰置於食指、中指與無名指的中間，最後再用大拇指，將三指並排上的小飯糰送入口中。

然而，現在居住在都會地區的印尼年輕人，在公眾場合用手抓飯吃的比例，正在逐漸下滑。讓這項抓飯絕技逐漸式微的原因，並不是衛生與否的原因，而是印尼人不斷攀升的行動裝置使用率。就跟台灣一樣，很多印尼年輕人就算是在吃飯時間，也是不斷地用手指在手機上滑啊滑的。試想：不論用手抓的是沾上湯汁的飯粒，還是油膩的炸雞，又濕又油的手指若是在觸控式螢幕上滑來滑去，將會對心愛的手機造成多大的傷害啊!!也因此，各位看官若是遇到懂得手抓飯藝術的印尼朋友，不妨跟他多討教一下，替這項絕技在失傳之前，留下美麗的身影！

從印尼炒飯到印尼炒麵

由於印尼人嗜吃冷飯，稍微懂得烹飪的看官一定會想到印尼菜裡的菜色。沒錯！炒飯一定要用冷飯，當然也包括了著名的印尼炒飯（*nasi goring*）。

說起印尼炒飯，正是我從小到大、上學帶便當的時候，我媽最喜歡幫我準備的一道菜色，畢竟方便又快速，是忙碌（或懶散？）家庭主婦們的最愛。印尼炒飯跟華人世界的炒飯，在烹飪方式上大同小異，都是用炒的（廢話！），但是在配料準備上則有很大的不同。首先，相較於華人炒飯用青蔥與大蒜爆香，印尼炒飯則是用大量的紅蔥頭（*bawang merah*）來代替，因此味道偏甜。另外，因為使用甜醬油來調色與調味，因此印尼炒飯乍看之下有點黑黑的，跟白細可人的港式或台式炒飯，在外觀上可說是大相逕庭。

等一下～醬油怎會是甜的？沒錯！在印尼，如果說到「醬油」（*kecap*），通常指的是甜醬油（*kecap manis*），有點像台灣所使用的醬油膏，較為濃稠，只是比醬油膏甜了許多。如果要使用華人社會慣用的那種醬油，你就要特別跟店家強調是「鹹醬油」（*kecap asin*），否則印尼人隨手就會拿一罐甜醬油給你。連醬油都是甜的，各位就知道印尼人有多愛吃甜食了！

印尼炒飯除了用蛋花與雞丁（畢竟是穆斯林占多數的國家，因此炒飯不會用火腿或香腸，也不會用容易炒老的牛肉），還會用一種叫做*pete*，學名叫「美麗球花豆」（Parkia speciosa），實際上既不美、又超級臭的豆子一起炒！至於為什麼要用很臭的豆子來炒飯？嗯，我想這就跟廣東人會用醃漬很久、帶臭腥味的老鹹魚，炒出美味的鹹魚雞粒炒飯是一樣的道理。越臭的東西，越能提味，也越能彰顯出各種不同食材混合的層次感。不管是用何種食材炒飯，最後通常會在炒飯上，放上一粒荷包蛋，加上一大片的蝦餅，最後再配上生大黃瓜片與生番茄片，就算大功告成了！

讓蒼蠅望而生畏的香辣

前述的生黃瓜片與番茄片，是印尼各種菜餚常見的配菜；箇中原因，應該是印尼人也了解到該國菜色偏向辛辣、重口味，印尼人又嗜吃各種炸物，因此很容易上火（*panas dalam*，印尼文原意為「內熱」），必須適度佐以蔬菜切片來降火，並去油解膩。

那為何印尼人這麼矛盾，明知道容易上火，卻還是喜歡吃辛辣、油炸的食物？一個合理的解釋，就是印尼位處赤道、氣候炎熱，油炸與辛辣的食物較不容易臭餿、腐壞。也因此，各位也不用管用手抓飯衛不衛生、會不會沾染病菌的問題；畢竟依據我的貼身觀察，油炸、辛辣，且使用各種特殊香料的印尼菜，有一大功能，那就是「讓蚊子、蒼蠅敬而遠之」！為什麼我會這樣認為呢？首先，讓我們來看一下印尼爪哇人在各種節慶時，最常端出來宴客的「飯塔」（*tumpeng*）。

每逢生日或各種慶祝活動時，就像西方人會端出大蛋糕，印尼人則是會端出這種飯塔來宴客。在飯塔的中央，是用薑黃（*kunyit*）烹調的薑黃飯（*nasi kuning*）所堆成的尖塔，兩旁則是堆滿辣椒小魚乾、椰漿牛肉（*rending*）等辛香小菜，以及炸豆腐、炸蛋（*telor goreng*）等炸物。通常慶祝活動的高潮，是由壽星或是宴會的主人，拿著飯勺，將飯塔的塔尖給切下、抬起後，獻給在場地位最崇高的人（可能是壽星的母親、村里耆老或伊斯蘭教長等等）。

當然，這邊的重點不在於掀塔尖的儀式，而是我一開始參加這類的慶典時，都很雞婆地想要將圍繞在飯塔旁邊的蒼蠅趕走，以免蒼蠅叮咬食物、破壞食物衛生。可是久而久之，我發現了一個奇特的現象，那就是蒼蠅

印尼慶祝重要活動必備的飯塔。

通常只會圍著飯塔一直繞、一直繞，就是不下去叮食物！不知道是否因為食物過於辛辣，還是薑黃有特殊的驅蚊功效？這或許要靠食品衛生專家來解答。

擺盤絕技巴東菜

除了爪哇的飯塔外，印尼菜耐久、防腐的特性，也可見於印尼的美食之鄉——位於西蘇門答臘的大城市，巴東當地的菜餚之上。巴東最廣為人知的美食，就是據說曾被美國CNN評為「世界第一美味」的椰漿牛肉。此外，巴東菜亦是以辛辣與善用各種香料而廣為人知。然而，除了重口味的特色以外，巴東菜最引人入勝之處，莫過於它特殊的擺盤文化。

巴東菜餐廳門口的櫥窗裡，通常會疊上好幾大盤的各式菜餚。當客人上門後，餐廳老闆會將大盤裡的菜餚分裝成好幾個小盤；接著，身手俐落的服務生，會一次將十幾個小盤疊在手上，走到客人面前，一盤一盤地將菜餚放上餐桌，一次直接堆滿整個餐桌。

巴東菜的疊疊樂，豐盛又壯觀！

不用點菜，服務生一次就將滿滿的各式巴東菜餚全部堆在桌上。用餐完畢、結帳的時候，服務生會來清點小盤裡剩餘的菜餚，客人吃了幾塊牛肉、幾顆蛋、幾隻雞翅，算得一清二楚（當然，如果是一盤辣椒炒小魚乾這類的菜色，店家也不會幫你算總共吃了幾條鰳仔魚，所以依照慣例，這種菜餚只要吃了，不管有沒有吃完，那一盤都要算錢）。此外，客人「吃多少，算多少」的巴東菜還有一個很夠意思之處：由於巴東菜的醬汁非常夠味、下飯，而醬汁本身又不算錢，我們學生時代最喜歡拿一支湯匙，將每一盤的醬汁各淋一點到白飯上，既享受各種滋味，又不用額外

人們正在享用巴東菜美食。

身手矯健的服務生。

付錢！對於包括當年我在內的窮困大學生來說，這真是巴東餐廳帶給大家的一大福利！

好了，剩下小盤裡沒吃完的菜餚，店家要怎麼處理呢？是的，你猜對了！就是把它們再倒回原來的大盤，繼續擺在店門口的玻璃櫃裡，等待下一桌客人的到來。至於衛生問題……嗯，首先，印尼人使用「公筷母匙」的觀念還算普及，大部分的客人食用巴東菜時，都是用湯匙將牛肉、雞胸、肉塊等，舀到自己的盤子裡，再用手抓著吃，因此應該不會有唾液接觸到剩菜的困擾。至於像我台灣的酸民朋友常問的：「如果有客人在巴東菜的桌上剩菜裡吐口水，那怎麼辦？」之類的問題，我也只能回答：「印尼人不喜歡沒事亂吐口水，也沒有必要去陷害不認識的下一位客人。」

最後，巴東菜流傳於世，已有千年的歷史，也沒聽過什麼人因為吃巴東菜而狂拉肚子到暴斃的案例，由此可見，巴東菜靠著特殊的香料配方，讓食物不易腐壞，確實有其獨到之處，小弟我也只能由衷地佩服印尼老祖宗的智慧了！

你不需要嘗試的印尼菜

好吧～前面把印尼的食物講得那麼神，又夠味又防腐，最後應該來唱唱反調、持平一下，跟各位推薦在印尼盡量不要去吃的菜色。首先，就是峇里島的傳統食物——烤豬（*babi guling Bali*）。雖然印尼是穆斯林占多數的國家，但是峇里島因為信仰的是印度教，沒有食用豬肉的禁忌，烤豬飯也因此成了峇里島當地人酷愛的一道菜色。通常一份烤豬飯，除了有豬肉、脆脆的豬皮，還有一些豬內臟所製成的配菜。

然而平心而論，大多數峇里島的烤豬飯，用的都是年紀偏大的老豬，肉質偏硬。而國人嗜吃的豬大腸、豬肝，峇里島人也只是將之油炸，吃不出我們平常對豬肝所偏好的滑嫩、對豬大腸所偏好的Q彈口感；至於豬皮，有時候還會有沒除乾淨的豬毛卡在上面，實在令人看了倒胃口。最重要的是，峇里島烤豬飯有時候會搭配一種綠綠的、口感很奇怪的醬汁，有點像我們說的茴香，以東亞人的口味（包括嗜吃辣的四川人）來說，實在不算好吃。幸好，峇里島還有其他融合了東西方特色的異國美食（fusion cuisine），可以讓來自各方的觀光客大快朵頤一番。

另外一個不推薦各位的，就是印尼當地的日本菜。首先，我覺得因為歷史與文化上的因素，台灣的日本菜都具有一定的水準；要吃日本菜，不需要去印尼吃，在台灣吃就好了。再來，印尼最大規模、最有名的「日式」連鎖餐廳Hoka Hoka Bento（印尼人習慣稱之為HokBen），就是賣一大堆的日式炸物，再配上白飯（現在知道印尼人多愛吃炸東西了吧!?），就台灣人的標準來說，實在稱不上是美味的日式餐廳（事實上，這家取了日式名字的餐廳，從老闆到廚師，都是百分之百的印尼人，跟日本一點關係都沒有）。

最後，最不推薦各位在印尼吃的，就是日式生魚片！畢竟印尼人的主食不是魚，也從來沒有吃生食的習慣，因此印尼人的廚師並不善於處理生魚片。各位想想，在地處赤道的炎熱印尼，生魚片要怎麼防止腐壞？我個人來去印尼的次數數之不盡，唯一一次在印尼拉肚子、在病床上躺了兩天的經驗，就是到四星級飯店吃了生魚片之後。現在回想起來，放在大飯店自助餐吧檯上的生魚片，似乎曾被蒼蠅叮咬過。這讓我不禁又回想起前面講到的、那種讓蒼蠅望而生畏的神奇薑黃飯塔。總而言之，為了享受在印尼的快樂旅程，奉勸各位還是入境隨俗，多多吃些辛辣、油炸、重口味的食物吧！

INDONESIA

18

比溜滑板速度還慢的雅加達交通夢魘

科學認證的大塞車

凡是第一次到印尼首都雅加達的人，都會對一件事情印象特別深刻。沒錯，就是雅加達排名世界第一的塞車！身為東南亞第一大城市、世界第六大都會的雅加達，包含周圍通勤圈，總人口超過兩千萬人，卻也是全世界交通壅塞程度最嚴重的城市。

這個第一名的頭銜，並不是我信口開河，而是有科學數據佐證。依據英國石油公司的汽車起停指數（Castrol's Magnatec Stop-Start index），擷取全球定位系統（GPS）的數據後，發現在雅加達市區行駛的每一台汽車，平均每年在車陣中停頓並重新起步的次數，高達三三二四〇次，也就是一天平均要停停走走一百多次，遠高於排名第二、橫跨歐亞兩大洲的土耳其伊斯坦堡。至於雅加達的平均行車時速，則是只有每小時二十公里，比溜滑板的速度還慢！

都是「購物市鎮」惹的禍

雅加達塞車之所以如此嚴重，跟財團不斷擴張、建商的過度開發，有很大的關係。早在一九九〇年代末、二〇〇〇年初，雅加達的建商就開始主打「購物市鎮」，也就是在市區內的高速公路閘道附近，由商場、公寓大樓與辦公大樓所共構的超大型建案（*kompleks*）。這類購物市

雅加達夜間的交通壅塞。（攝於二〇一六年六月五日）

鎮的主要賣點在於住家直通商場；私家車從大樓停車場開出去，很快就可以直上高速公路，不但可減少在平面道路塞車的機率，也可讓消費者免受風吹雨淋與空氣汙染之苦。另外，這類購物市鎮以有車階級為服務對象，因此平民階級使用的中型巴士（*Kopaja*）與小巴士（*Angkot*）等公共交通系統，鮮少在這些大型購物市鎮停靠。這可有效將中上階層的住戶與消費者，與搭乘大眾交通工具的中下階層民眾隔離開來，替購物市鎮裡的住戶，塑造出高高在上的階級優越性。

以華裔人口聚集較多的雅加達西區為例，位於交通要衝、市區高速公路三叉口交匯的格羅果（Grogol）地區，一開始先是蘭花園

雅加達西區高速公路閘道口旁的蘭花園購物市鎮。

（Taman Anggrek）購物市鎮的落成；該建案成功之後，其他建商也在一旁興建了占地更大的購物市鎮，就是結合了九層樓的購物商場、三座五十六層樓的公寓大樓，外加辦公大樓與五星級酒店，面積共為五十六萬平方公尺，於二〇一〇年落成的中央公園（Central Park）購物市鎮。

然而，在八〇與九〇年代興建的市區高速公路，當初規畫時這些超大型購物市鎮尚未出現，因此只有雙向二線道至雙向四線道的容量，根本不足以應付大規模的車潮。每到下班尖峰時刻，蘭花園與中央公園兩座購物市鎮裡的上班族要開車離開，下班返家的住戶則要開車進入，其他地區下班後、想要購物的消費者，也要開車進入這兩座購物市鎮，或緊鄰的基普拉（Ciputra Mall）休閒購物，於是各種大小車輛，在格羅果地區塞成一團。更糟糕的是，由於格羅果是雅加達西區與中區之間的交通要衝，這個地區的平面路段與高速公路只要一堵車，往往造成雅加達西區與中區其他地段的車流回堵，連帶讓雅加達市內其他地區的塞車情況隨之惡化。也因為塞車問題日益嚴重，中上階層的雅加達民眾也只好以鄰近高速公路閘道的公寓大樓為購屋首選；需求帶動供給，更加強了建商們興建購物市鎮的動機，讓「越塞車越蓋商場、越蓋商場越塞車」這樣的惡性循環變得更加嚴重。

另外，因為塞車帶來大量的廢氣排放，造成雅加達有嚴重的空氣汙染問題，讓這座原本就位於赤道的首都更顯炎熱。因此，中下階層的雅加達市民，在假日期間很喜歡到大型購物商場閒逛、吹冷氣。然而如前所述，這類大型購物中心，大多沒有預留讓中、小型巴士上下車的空間，也因此這些私營巴士會在高速公路的閘道口或收費站前，讓乘客上下車，（有些是乘客自行在高速公路上跳車逃票）；一方面讓乘客徒步走到購物中心，另一方面也藉以規避高速公路的收費，更讓高速公路閘道周遭的交通狀況雪上加霜。

弔詭的是，政府高層卻無視於這些大型建案所帶來的龐大車流，不斷核准新的、更大規模的共構建案，同時甚至還鼓勵民眾購買私家汽車。例如手握大權的印尼副總統卡拉，就不吝於公開表達他對「讓印尼人擁有私人汽車」的憧憬：「十年前，印尼人搭乘火車返鄉過年；兩年前，印尼人騎機車返鄉過年；今年開始，印尼人搭私家車返鄉過年。這就印證了印尼社會的持續進步。」

既然執政當局對於私有車輛抱持著如此鮮明的支持立場，也難怪雅加達不但私人交通運具的數量不斷膨脹，公共交通的相關建設更是落後周遭的其他國家，同時也缺乏合理的規畫與配套措施。舉例而言，早些年的「大雅加達都會區通勤鐵路系統」（KA Commuter Jabodetabek，簡稱雅鐵），班車常誤點、電聯車的數量稀少，乘客由於擠不進車廂內，因此諸如逃票、攀爬火車車頂（train-surfing）等等的違規行為屢見不鮮（詳見本書〈過去獨步全球之印尼奇景：玩命關頭之火車衝浪手〉一文）！

快捷公車系統「TransJakarta」讓阻塞雪上加霜

至於雅加達市政府所經營的BRT快捷公車系統「TransJakarta」，也就是當地人俗稱的Busway，問題也是不少。由於市民尚未養成守法的習慣，警察又取締不力，因此時常可以看到私人車輛，主要是機車闖進並占用公車專用道。

在某些主要幹道，TransJakarta明明享有兩個車道寬的公車專用道，卻因為私有車輛占據車道，讓BRT公車跟著塞在車陣裡，無法發揮應有的快捷效果。另外，管理上不夠嚴謹，也是TransJakarta公車系統的一大問題。關於這點，我在國立印尼大學就讀期間，時常搭乘快捷公車通勤，可是有著非常深刻的親身體驗。

某個豔陽高照的下午，我剛結束印大課程，搭乘通勤火車離開校園，接著徒步到TransJakarta的公車站轉車。我看了一下杜古阿塔斯站（Dukum Atas）車站內的路線圖，「喔～原來只要搭乘3A這條深紫色路線的公車，就可以從雅加達南區，直接回到我位在西區的家裡。」於是我就走到了3A路線專用的月台門候車，並暗暗佩服自己對公車路線圖的透徹分析。

等著等著……不對啊！看看手錶，已經四十多分鐘了！為什麼到現在3A公車連個影子都沒有？雖然我知道在印尼，「無與倫比的耐心」是完成任何事情的首要條件，但是這也未免耗費太久的時間。於是，我跑去問了站務人員：

「*Mas*（印尼文對年輕男性的稱呼）！請問一下，3A路公車為什麼還沒到？」

「你說哪一條路線？」帥哥站務員慢條斯理地回答，似乎不習慣有乘客發問。

「這條深紫色的３Ａ路線。」我伸手指了站內路線圖，給站務人員看。

「喔～這是舊的路線圖啦！這條路線已經停駛好幾個月了！」

已經停駛好幾個月了！

已經停駛好幾個月了！

已經停駛好幾個月了！

（講三次不是因為很重要，而是因為這句話如同晴天霹靂般，在我腦海中迴盪不已，讓我久久不能自已……）

從這樣的震驚中甦醒過來後，我不免要問一下站務員先生：既然是舊的路線圖，為何車站裡的路線圖沒有更換，也沒有標註更動之處，在TransJakarta公車系統的官方網站上也沒更新？

「喔……這個……我不知道。」站務員不慌不忙地給了我不出所料的答案，然後就繼續發呆。

俗話說「急驚風遇上慢郎中」，這也是台灣人在印尼最常遭遇的心境；相較於跟私人企業打交道，在面對印尼政府單位時，更需要懷抱無與倫比的耐心。於是，我在雅加達市長鍾萬學的臉書頁面，以及TransJakarta公司的粉絲專頁上，用印尼文反映這個問題；然而，從二〇一五年七月至今，都沒得到任何的回應。

月台長度跟公車車體長度不符，造成「站好離手」

此外，從TransJakarta各車站的月台建置，以及在單節與雙節巴士的調度，都看得出來印尼公部門缺乏遠見。很多時候為了迎合民意，在欠缺通盤規畫的情況下，就讓快捷公車這類的交通公共建設倉促上路（當然，這點或許跟台灣一樣，屬於民主國家常見的通病）。以我住家＊附近會經過的雅加達快捷公車3號線與2B號線為例，行駛的是比較長的雙節公車，車內有三個車門供乘客上下車；但是其中的新橋站（Jembatan Baru）、地方稅捐局站（Dispenda）與懸橋站（Jembatan Gantung）三個車站的月台，卻只有單節公車的寬度，而且只設有一個月台門。

於是，當有三個門的雙節快捷公車停靠上述這三站時，由於站體過短，只能開啟一個車門來上下乘客，而且每次開啟的車門還不一樣！在第一個新橋站可能開的是後門，第二個地方稅捐局站開的是前門，到了第三個懸橋站可能又變成中

有三個車門的雙節BRT公車，卻停靠在只有一節車廂寬度、一個月台門的地方稅捐局車站。

間的門。每當這類情況發生時，乘客就必須像樂透猜獎般，「站好離手」，在接近車站時，決定走向車內的哪個車門。到了公車進站之後，謎底揭曉，車上乘務員會大喊：「開後門、開後門啦！」或「開前門、開前門啦！」。猜對的乘客，臉上浮出勝利者的微笑；猜錯的乘客，則趕緊往開啟的車門方向硬擠，否則很可能還來不及下車，公車已經開往下一站了。

光是從月台長度不符合公車車體長度這件事情來看，就知道TransJakarta公車系統的規畫不良。更奇怪的是，當初快捷公車月台的設計，不知為何採用的是全鐵皮、密閉式的設計；位處赤道旁的雅加達天氣炎熱，而鐵皮製成的車站站體，在中午至下午的時間更顯得悶熱難耐。TransJakarta管理當局原本打算在最多乘客使用的主幹線，也就是一號線沿線的各車站裡加裝冷氣，但是最後因為車站月台門無法關閉，因而作罷。至於為什麼月台門沒辦法關上，說來更是怪

＊雖然說是住家「附近」，但是由於雅加達的BRT系統，沒有與任何的公寓大樓共構，也沒在住宅社區門口設站，因此從我居住的社區到BRT車站，騎乘腳踏車約需十五分鐘的時間。

事一樁！原本車站的月台門採用的是自動門的設計，公車來了會開啟，等乘客上下車完畢之後會再關上。然而，雅加達快捷公車的乘客們有一個壞習慣，那就是月台的自動門要關上的時候，沒擠上車、必須排隊等下一班車的乘客，就會動手強行把車站的自動門拉開，讓月台門關不起來。接著，一群乘客就伸出月台門外，不斷張望下一班公車開過來的方向，彷彿覺得一直看一直看，公車就會加快速度、趕快開過來一樣。話說印尼人比起台灣人，通常比較有耐心、步調也比較緩慢，唯獨在等公車這件事情上卻顯得非常急躁，這也不知做何解釋。

關不上的月台門，加上沉不住性子的乘客。因此，每當快捷公車接近車站的時候，排在後方的乘客就會開始向前推擠、深怕自己擠不上公車，之前在自動門外張望的前排乘客，則要緊抓住月台自動門，身體向後使力頂住，以免自己掉落月台、被行駛過來的快捷公車給輾斃。在這樣長期的摧殘之下，TransJakarta車站沿線的自動門大多都損壞了。最後，TransJakarta管理當局乾脆拆掉沿線所有的月台自動門！沒有自動門的車站，讓等車時的推擠變得更危險、更致命；沒有了自動門，冷氣會外洩，也就給了TransJakarta管理當局不加裝冷氣的理由，讓BRT車站繼續炎熱難耐。這些是降低民眾搭乘BRT的原因，不過換句話說，這也是雅加達市民欠缺集體意識、守法習慣不足之下，咎由自取的後果。

從上面的種種現象，可以發現雅加達公共交通存在著政策協調上的難題；TransJakarta管理階層與市警局、公車營運部門與車輛供應商，乃至於公車路線規畫者與網站維護者，甚至於司機員與站務員之間，都出現了溝通與協調上的困境。這或許與TransJakarta公司的持股結構有關係。雅加達快捷公車系統於二〇〇五年開始營運，之前一直由市政府轄下、層級偏低的BRT管理處（*Unit Pelayanan*）來經營管理。至二〇一四年為止，總計十二條的BRT路線，卻由多達二十一個政府單位與公民營公司來分別營運。直到二〇一五年，BRT管理處才改制為市營的TransJakarta公司，其最大持股者除了雅加達市政府之外，還包括了國營的印尼火車公司（INKA）與印尼公路汽車運輸局（DAMRI），也就是由中央政府透過國營公司，間接入股於市政府經營的BRT公司。但是公司化之後，上述各個公營事業單位之間的權責關係，依舊相當複雜。目前雅加達十二條ＢＲＴ路線，雖然名義上皆屬於雅加達市營的ＢＲＴ公司所擁有，但是其中的一號線與八號線，由上述的印尼公路運輸局所持有並經營；第十一號線由市營ＢＲＴ公司所持有，委託給印尼公路運輸局所經營，但是巴士車輛的持有者又是印尼火車公司。如此複雜的分工關係，讓TransJakarta各條路線的營運，時常出現各自為政、難以整合的困境，進而凸顯出印尼國家機器，在整體運作上的無能與政府失靈。

幸好，印尼的私部門與民間企業，比公部門與政府單位靈活許多。自從一九九〇年代末走向民主化之後，印尼的經濟體制一直朝向開放、自由化與民營化的方向前進。外資與跨國公司的湧入，對印尼私部門造成競爭壓力，迫使印尼企業必須朝向更靈活、更有效率的方向改革，才能在激烈的市場競爭下生存。此外，在〈新創產業的對陣廝殺不遑多讓〉中，我們已經看到身為世界人口第四大國的印尼，有非常多有天分、創意的年輕人；在數位經濟的時代來臨後，這些年輕又靈活的頭腦，創造出了各式各樣的手機應用程式，以及嶄新的商業模式。一方面成為獲利可觀的青年創業家，另一方面也改善了印尼各大城市在交通與就業等層面的難題。

INDONESIA

19

世家登

不是大甲媽，而是穆聖爺的遶境

轉眼間，本魯也在台中工作、定居了好些年。我在印尼的親戚好友聽到「台中」這個都市時，總是一臉疑惑；畢竟大多數的外國人只聽過台灣的兩個地名：天龍國的台北、發大財的高雄。所以，要跟印尼的親友介紹台中，其實有一定的難度。

例如要介紹台中的特色美食時，我通常不想介紹「太陽餅」（*kue matahari*），因為我不知道如何跟印尼人解釋「太陽餅裡面沒有太陽」的典故；要介紹台中的特色景點，我也不想介紹像金錢豹這類的聲色場所，因為超過千萬人口的印尼首都雅加達，有著比台中更為燈紅酒綠、紙醉金迷的精采夜生活（有興趣的讀者，可參考本書另一篇〈阿宅的雅加達速食愛情〉。不過這些都只是聽我朋友說的；正派如我，當然沒去過這些地方！）。

再不然，要介紹台中人的好客嗎？例如請人吃「慶記」美食的「8+9」（八嘎囧，對素行不良之八家將的負面稱謂）少年，還是邀請入住「海景第一排」的消波塊……

咦？講到這幾個關鍵字，我突然想到：我可以跟印尼的朋友們，介紹世界三大宗教盛事之一的大甲媽祖遶境啊!?這應該是台中獨有的特色吧。

於是，我把大甲媽祖遶境的影片，傳給了住在中爪哇的印尼文老師看。老師看了以後跟我說：「這還挺有趣的，而且跟我們中爪哇的『世家登』好像喔！」

對齁！聽了老師一講，我還真覺得兩者之間頗為相似，只不過，「世家登」又是什麼呢？

不只媽祖婆與關二爺，穆聖爺也要過生日！

大家都知道：基督徒很崇敬基督教的創始者，也就是「神的獨生兒子」——耶穌。每年十二月二十四日，耶穌哥過生日的時候，世界各地的基督徒都會幫他慶生，這就是聖誕節／耶誕節的由來。那麼，同為世界三大宗教之一的伊斯蘭教，他們的創始者——先知穆罕默德的誕辰，當然也是穆斯林慶祝的節日。

畢竟聖人穆罕默德的理念，就是希望信徒們克己守禮、反璞歸真，以最純淨的形式來親近真主。所以大多數的穆斯林國家在慶祝穆聖誕辰（*Maulid Nabi Muhammad*）時，都是以較為靜態的活動為主，例如集體的禱告、禮拜，藉以貫徹當年穆聖爺所留下來的訓誡。不過，在印尼中爪哇地區的梭羅與日惹，這兩個以穆斯林人口占多數、在歷史上卻又深受印度教與佛教影響的城市，卻是以熱鬧的、嘉年華式的世家登儀式，來慶祝穆聖爺的誕辰。一連串的世家登節慶活動，通常是從穆罕默德誕辰前，長達數個禮拜、由臨時攤販所聚集起來的夜市（*pasar malam*）揭開序幕。

「什麼？印尼也有夜市!?」台灣鄉民多半覺得夜市是台灣獨有的產物。然而事實上，東南亞的泰國、越南乃至印尼等國，其夜市文化多采多姿的程度，比起台灣也不遑多讓。在世家登儀式開始前，大家可以在夜市裡大快朵頤，品嘗沙嗲（*sate*）、雞肉乾麵（*bakmi ayam*）、炸蔬菜肉圓（*bakwan*）等各式印尼小吃。此外，夜市裡還有各種有趣的遊樂設施，例如套圈圈、射飛鏢，另外就是父母們最喜歡把吵鬧的孩子硬塞上去，趁機溜出去享受兩人世界的「印尼特色」人力旋轉木馬（*odong-odong*）。

長達幾天的市集／夜市活動後，逐漸進

印尼夜市常見的旋轉木馬車，可看出（暫時）被父母拋棄的小孩，往往滿臉無奈。

入世家登儀式的高潮。以中爪哇的古都梭羅為例，首先，當地的地方仕紳會從中爪哇的農作物當中，挑選出外型精美、品質優良的水果、蔬菜、豆類等等，並將這些貢品送到「蘇丹」（*sultan*，類似中國古代「藩王」的地位）的皇宮大廳裡，堆放成一座小山，象徵過去一年裡當地農民所享受到的風調雨順、物產豐隆。等到穆罕默德誕辰當天，這座貢品小山就會被運到大清真寺（*Masjid Agung*），由當地伊斯蘭教的教長（*Imam*）施以祈福儀式。經過祈福儀式之後的貢品山，再被轎子抬出來，運出清真寺，開始在皇宮廣場附近遊行、遶境。

接下來的重頭戲，則是當貢品山在戶外遶境時，信眾們會爭先恐後地搶奪小山上的各種農產品，藉以獲得好運。這個過程，很像中國廣東一帶，宗教慶典中的「搶青」，也很像大甲媽祖遶境時，台灣信眾們「搶頭香」「鑽轎底」等一擁而上的情景。管他香蕉、芭樂，先搶先贏，有青菜、蘿蔔在手，就代表好運已經到手！

熱鬧的遶境。

信徒們大搶特搶農產品。

借殼上市？遵循佛教傳統的伊斯蘭慶典

看到這裡，各位有沒有覺得很熟悉？又是神轎、又是遶境的，確實很像大甲媽出巡。但是我相信台灣鄉民們看到這邊，最感到疑惑的一點，應該是……

穆罕默德誕辰沒有穆罕默德！

穆罕默德誕辰沒有穆罕默德！

穆罕默德誕辰沒有穆罕默德！

（因為很重要，所以說三次！）

何老師真的沒騙人，世家登儀式真的是在慶祝穆聖爺的誕辰！只不過由於伊斯蘭教是嚴格禁止拜偶像的，因此決不會出現真主（*Allah*）或是先知穆罕默德的人／神像。換言之，神轎上原本應該端坐的神像，被替換成象徵風調雨順、物產豐隆的各式農產品，藉以感激真主在過往一年裡對農民的照顧。

好吧！讀者或許可以接受穆罕默德誕辰沒有穆聖爺的神像，甚至連穆罕默德的名字都很少被提起，就像大多數台灣鄉民都能接受老婆餅裡面沒老婆、嬰兒油裡面沒嬰兒一樣。但是，為什麼明明是伊斯蘭教的節日，在中爪哇卻會用這麼有佛教特色的方式來慶祝呢？這就跟伊斯蘭教當初在爪哇島的傳播方式有關了！

話說我在〈印尼也有鄭和，更有天龍八部〉一文中推論過：當初鄭和將伊斯蘭教帶入了爪哇島，並且靠著造紙術與印刷術，讓《古蘭經》與先知穆罕默德的《聖訓》等經典，能夠在短時間內大量於爪哇島傳播。然而，由於傳播的速度太快，因此很多民眾雖然接受了伊斯蘭教的信仰，但是原本祖先留下來的印度教／佛教的祭祀與慶典方式，卻沒有隨之更新，特別是印度教與佛教的習俗已經根深柢固於爪哇島中部，短時間難以抹滅。

各位若是曾造訪過印尼的中爪哇，參觀過世界文明奇景之一的佛寺「婆羅浮屠」（Borobudur），或是聯合國世界文化遺產之一的印度教神殿「普蘭巴南」

中爪哇的佛教古寺「婆羅浮屠」。

中爪哇的印度教神殿「普蘭巴南」。

（Prambanan），就可以發現：在中世紀的爪哇島，不論是印度教神殿還是佛教寺廟，大多是由上層「種性」（Caste）的統治階級，將宗教裡的寓言故事或是經典裡的教義，用文字或圖片的形式，雕刻在以石頭建成的建築物牆面上，或是刻印在石碑之上。刻在石板上的經文教義，要傳播出去確實比較困難（我擔任大學教授，要帶著幾本紙本書課本去講課，就會嫌重而叫苦連天了；如果叫我揹著石板去上課……〈……那就謝謝再連絡吧！〉。更何況，印度教以種姓制度為基礎，教義的傳播主要著重在婆羅門（Brahmana）與剎帝利（Satria）等高階種姓之間，至於吠舍（Waisya）與首陀羅（Sudra）等較低階的種姓，並未享有接受教育（包含宗教教義的教導）的權利，也就不是教義傳播的主要對象。換言之，很可能在當時的爪哇島中部，上流社會徹底接受了伊斯蘭教的教義與生活規範；然而對於中下階層來說，他們只是跟隨著統治階層，在名義上改信伊斯蘭教，卻沒有從根本上揚棄原本印度教／佛教式的祭祀與慶典方式。

也因此，印度教與佛教在中爪哇所遺留下來的寺廟與聖殿，大多只是逐漸荒廢、被世人遺忘，然而大致上的主體結構卻依舊完好。包括婆羅浮屠佛寺與普蘭巴南神殿，被近代的考古學家發掘出來之時，大體上相當完整，沒有遭到大規模且計畫性破壞的跡象；這與很多經過戰爭洗禮而皈依伊斯蘭教的地區，原有宗教的建築飽受戰火摧殘，甚至被蓄意地拆除、焚毀或剷平的情況大相逕庭。

或許就是因為當初在爪哇島的伊斯蘭教，主要靠著造紙術與印刷術等等的和平方式，而不像在其他國家靠著武力征伐來傳教，才讓印度教與佛教的眾多神廟得以被保存下來，也讓今天的後人，可以繼續欣賞像是世家登這樣具有多元色彩，兼具伊斯蘭教、印度教與佛教特色的慶典儀式！這就是正港的「印尼價值」，一個當今世上最溫和、最中道的穆斯林多數國家。

INDONESIA 20

你看見真正的穆斯林了嗎？

身為一個台灣阿宅，我的娛樂之一，就是去ＰＴＴ八卦版看鄉民發酸文，特別是酸「八嘎囧」。

酸八嘎囧很爽，可以帶來道德上的優越感；因為確實有部分（應該說是少數）的宮廟，會假宗教之名，吸收中輟生，進行好勇鬥狠、爭搶地盤的幫派任務。

看完酸文，有時候我會問我的酸宅友人：「這類宮廟或八嘎囧，可以代表台灣的道教文化嗎？」

強者我朋友回答：「當然不行！因為他們只是少數人，假借宗教的名義來幹壞事。」

朋友說的沒錯！

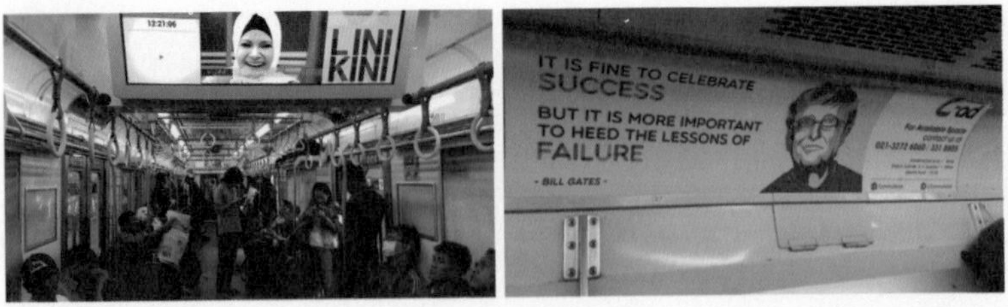

雅鐵公司形象廣告及廣告招租資訊。

那麼，為什麼很多台灣人會認為極少數的恐怖分子，假借宗教的名義來幹壞事，就可以代表伊斯蘭教？他們的所作所為，不但完全違背了伊斯蘭教義，更與一般穆斯林的日常生活毫不相干。

那麼，一般的穆斯林，到底過著怎麼樣的生活？很簡單，跟你我的生活，差不了多少。以你的鄰國、我的母國，世界最大的穆斯林國家印尼為例。印尼穆斯林平日辛勤工作，每天騎機車通勤；或是搭乘大雅加達市通勤火車上班工作，中午休息或傍晚用餐時間，穆斯林就到小吃街去打牙祭，品嘗以爪哇與蘇門答臘菜色為基調，再參雜印度、中華與阿拉伯特色的印尼美食，例如下頁圖中的「四川咖哩飯」。

忙裡偷閒，印尼的穆斯林也會去喝個星巴克，品味一下小確幸；或是到復古風的懷舊咖啡廳，體會一下當「一

右：小吃街內由華族印尼人所開設的食鋪。
左：印尼的四川咖哩飯，味道不知為何？

日文青」的感覺。

最重要的是，作為世界第四大智慧型手機市場的印尼，對於科技產品的熱愛程度，比起台灣真是有過之而無不及啊！光看車站內隨處可見的免費充電座，可見一斑。

身為世界最大的穆斯林國家，各種專為穆斯林設計的手機應用程式，更是琳瑯滿目；包括《古蘭經》電子書、撥放器（*Azam*）、穆斯林食譜與美食指南等，應有盡有。以最多人使用的Muslim Pro為例，就是一套幾乎整合了所有穆斯林日常需求的Apps。舉凡指引聖地麥加方向、預估每天日出日落時間、每日五次自動提醒的朝拜鬧鈴，或是與Google服務整合，列出附近的清真（*Halal*）餐廳與祈禱室（*Musholla*）地點的地圖功能。其中我最欣賞的，就是這套Apps內建的撥放器。在穆斯林與非穆斯林混居的地區（例如峇里島或是印尼東部省分），清真寺於凌晨或晚間對外放送的叫拜、誦經聲，時常不被非穆斯林居民所接受，有時甚至會引發族群之間的衝突。現在有了Apps的這項功能，時間一到，手機自動叫拜、誦經，穆斯林可以找一個地點開始朝拜，又不致影響到周遭的非穆斯林友人，你說，是不是一項很貼心的設計呢？

印尼人一向很喜歡用手機傳簡訊（SMS）。自從手機通訊軟體興起後，印尼穆斯林對於Line的喜愛，也絲毫不亞於台灣鄉民！各種Q版造型、有穆斯林風格的可愛貼圖，紛紛出籠；其中我最喜歡的，就是「Flower Hijab」（包頭巾的小花）這一系列了！各位看官可上網搜尋。

「頭巾小花」活潑、可愛的形象，或許顛覆了許多人對穆斯林世界的刻板印象；不過印尼一般的穆斯林青年，或許並未察覺箇中差異，因為友善又俏皮，正是他們習以為常的本色！

看準了以印尼為主的穆斯林市場龐大商機，各界紛紛推出了其他帶有穆斯林風格的可愛貼圖；其中，尤其以來自日、韓兩國的貼圖畫家與業者，表現得最為積極。至於台灣嗎？嗯，我們的鄉民可能還忙著批中、反韓，歧視東南亞外勞，沒時間想這麼多……

看到這裡，還會有人覺得穆斯林國家落後、不會上網，穆斯林個個都是殺人不眨眼的恐怖分子嗎？或許，台灣人是時候停止幻想，不要再將違背伊斯蘭教義的犯罪集團，硬跟這些與我們相差無幾的穆斯林朋友扯在一起了！畢竟，要不要睜開眼看世界，是我們自己決定，沒有人叫得醒裝睡的自己！

印尼第二大城泗水街頭的機車族。

復古懷舊的咖啡廳。

儘管印尼本地的爪哇與蘇門答臘咖啡享有盛名已久；但是當地的穆斯林青年，還是喜歡造訪車站內帶有濃厚西方色彩的星巴克咖啡店。

INDONESIA

21

哪位敬水的穆斯林，上廁所不弄濕？

「唉呦～妳們這些印尼人，為什麼每次上廁所，都要把廁所弄得濕濕的？這樣我打掃很累ㄟ～」

每到週日，台北車站往往擠滿了來自印尼的移工，也時常可以看到打掃廁所的台灣阿姨，跟上廁所的印尼女移工爭執的畫面。讓打掃阿姨們深深不解的是：為什麼印尼人上廁所不喜歡用衛生紙，而且事後都會把廁所地板弄得濕答答的？

其實，這跟印尼人的兩大文化根源有關。一個是伊斯蘭教對於身體潔淨的要求，另一個則是古代爪哇文化對於水的崇敬。依據伊斯蘭教的教規，每一位穆斯林在禮拜前，都必須經過清潔身體部位的

「小淨」（*wudu*）儀式洗滌包括臉、手、腳、下體等身體各個部位，讓自己在潔淨的狀態下向真主禮拜。所以，正規的穆斯林祈禱室不但會靠近廁所旁邊，還會附有專門用來洗手洗腳的洗滌設備。

也因此，印尼人上完廁所後，很少使用衛生紙，幾乎都是用水來沖洗屁屁，因為只有用水清洗，才能達到穆斯林對於個人衛生的要求。由於我的媽媽也是印尼人，從小到大，我家中的馬桶旁邊都沒有衛生紙，而是接上一條小小的水管與蓮蓬頭，用來沖洗屁屁。小時候同學到我家作客，用我家的廁所時，我常常會聽到廁所裡傳來的慘叫聲：「啊～何景榮！你家廁所為什麼沒有衛生紙啊！」好客、善良如我，這時候總是會不厭其煩地隔著廁所門，教導同學如何掰開自己的小屁屁，再拿馬桶水箱旁的小蓮蓬頭，代替衛生紙、洗滌自己的小菊花。

或許是這個原因，在我家經歷劫難後的同學，有的回到學校，就開始宣揚「何景榮是印尼人，上廁所大便完都不擦屁股」「印尼人很髒，大完便都用手指頭去摳」這類的都市傳說。所以我以前最喜歡大完便、洗完手之後，用手指頭去摸同學的臉，觀賞造謠者滿臉驚恐、如臨世界末日的表情。這幾年受到日本的影響，在台灣與中國大陸開始風行用水洗屁屁的免治馬桶。有時想想：同樣是用水沖，為何有些台灣人就覺得日本的做法代表著衛生與進步、印尼的做法就代表骯髒與落後？是不是有部分的台灣人，多少帶著些許的種族歧視心態，來看待我們周遭的各個國家？

言歸正傳。除了宗教規範上的要求，身為印尼最大族群的爪哇人，傳統文化上則認為「水」是生命的源頭、滋養萬物之母，對於水也抱持著特別的敬意。因此，在印尼爪哇的鄉間，若是到他人家作客、使用廁所之後，謙卑有禮的爪哇人，會用水瓢將馬桶與廁所地板整個沖洗一遍，維持清潔，以示對主人家的敬意。由於印尼地處赤道、氣候炎熱，地板的積水很快會被蒸發，因此這個淵源久遠的好習慣，在印尼也就一直被延續下來。

然而，橘逾淮而為枳，在印尼的好習慣帶來台灣之後，可能就不太容易被台灣社會大眾所接受。如前所述，很多台灣的穆斯林祈禱室，旁邊並沒有穆斯林朋友小淨所需要的洗滌設備；以台北車站為例，最近的廁所，距離祈禱室就有

印尼鄉間的廁所。

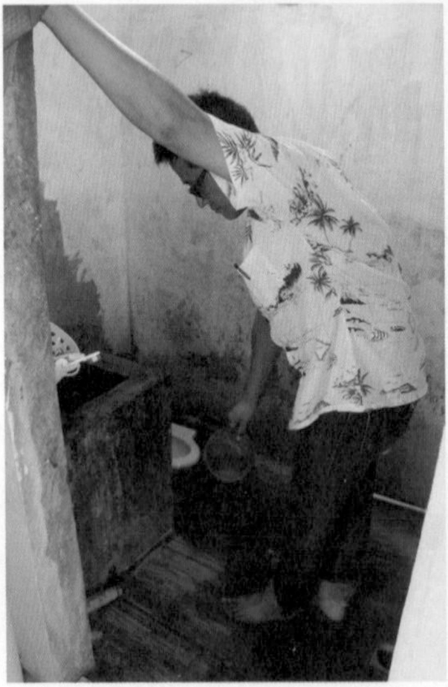

使用完廁所後，應予以沖洗。

何老師示範如何使用印尼廁所。

六十公尺之遠。也因此，許多女性穆斯林會先用寶特瓶裝滿清水，進到廁所方便後，再用水清洗私處、腳掌（通常也順便將廁所地板清洗一遍），以完成祈禱禮拜前的準備工作。換個角度想想：濕答答的廁所地板，或許也代表了我們公共場所的硬體設施，對穆斯林朋友的友善程度還有待加強；在我們責備這些遠道而來的朋友前，或許應該先強化我們自己，對他人宗教和多元文化的包容與尊重。

剛才提到的，大多是印尼的穆斯林女性，在廁所使用上所面臨的處境。至於男生，由於生理上的構造，相較之下比較不會遭遇這麼多困擾。更何況，為了符合文化上的傳統與宗教上的規範，印尼男生所使用的小便斗，還有一個貼心的設計、一項偉大的發明，那就是小便斗上彎彎的噴嘴。

印尼小便斗上的噴嘴，除了噴水清潔壁面這項功能外，還肩負一項偉大任務，那就是……

拿來洗雞雞！

對~你沒聽錯，小便斗裡面真的可以洗小雞雞！

洗滌的方法為：小便之後，用左手握住雞雞的根部（在印尼，用左手跟人打交道是很沒禮貌的，不知道這種想法跟這個洗滌方式有沒有關係？），將雞雞挺進小便斗裡。但是請注意！小頭不能碰到小便斗的壁面，否則……接著右手按下噴水開關，噴嘴開始灑水在雞雞上，此時，洗滌者再用右手在雞雞上搓啊搓的，搓出來的水花濺到壁面，順便清除尿漬；摸蛤仔兼洗褲，一舉兩得！

印尼小便斗與它的噴嘴好朋友。

由於我自小在台灣長大，而且我的印尼媽媽並不是男生（不然呢？），所以家裡並沒有設計印尼式的小便斗。直到大學階段，有一次單獨前往印尼，在雅加達一家高級餐廳的廁所裡小便時，目睹到身旁的印尼大叔，正把他的小弟弟挺進小便斗，暢快地搓洗著自己的小雞雞。由於初次目睹，我可是嚇到目瞪口呆，張大嘴卻說不出話來！印尼大叔看到我張大了嘴，可能心想「糟糕～這個小子是不是剛才還沒吃飽，現在……」，嚇到水珠都還沒抖掉，趕緊把洗得白淨的雞雞塞回褲襠，衝出廁所，坐上他的本田轎車後揚長而去，留下了在廁所裡一臉愕然的我。

直到後來，由於往返台北與雅加達之間的次數越來越多，對於印尼男生在廁所洗雞雞的文化，也就開始見怪不怪了。除此之外，由於抱持著平常心，我反而更能夠近距離地，仔細觀察印尼男生洗雞雞時的各種細節。舉例而言，很少有男生會像當年被我嚇到的印尼大叔那樣，將濕答答的雞雞塞回鳥籠裡；大多數男生在搓洗完雞雞後，都會用左手（注意～還是要用左手喔！）大力地重複抖動雞雞，直到把小傢伙上面的水珠都抖乾淨。印尼天氣炎熱，如果胯下濕濕熱熱的，很容易造成搔癢、紅腫，甚至會引發皮膚與泌尿器官相關的疾病。此外，依據我的觀察、比較，相較於台灣男生很多小便完後不洗手（很多台灣女性可能還不知道這件事吧！嘿嘿～），印尼男生小便結束、特別是洗完雞雞後，都會很賣力地用肥皂搓洗雙手，將雙手洗得比小雞雞還要白淨。換言之，平均一天洗三次澡的印尼人、特別是每天勤洗雞雞的印尼男人，衛生觀念並不見得比台灣男人差。

總而言之，不論是帶著寶特瓶進廁所盥洗、把地板弄得濕濕的印尼女生，還是在小便斗裡奮力搓洗雞雞的印尼男生，都反映了印尼爪哇文化對於水的崇敬，以及穆斯林對個人衛生的高度要求。希望各位台灣女性，能夠發揮同理心，下次看到印尼女生使用過後、一片濕答答的廁所，先別急著皺起眉頭；這很可能代表著我們的公共場所，對於來自不同文化、信仰其他宗教的朋友們，應該要更貼心，還有近一步的改善空間。

至於各位男性同胞們，若是有幸造訪印尼，我強烈建議：一定要體驗一下這種在公眾場所搓洗雞雞的快感！就算你不願意入境隨俗，也請尊重他人的基本權利；當你目睹身旁男性搓洗雞雞的過程時，請抱持著一顆崇敬的心，體認到這種過程，不但代表著上善若水的當地傳統，更是印尼傳統文化與現代貼心設計，兩者結合下的偉大產物！

INDONESIA 22

印尼最美的風景也是人

「印尼好聲音」的真實身分竟然是……

身為一個台灣鄉民，我跟大家一樣愛看熱鬧，喜歡瀏覽爆紅的網路素人，享受酸民們對這類人物所做的評論、羞辱與謾罵；從早期的許純美，到前幾年的法拉利姐，樂此不疲。

某天早上一如往常，起床的第一件事，就是用手機滑滑臉書。我看到了我的一個印尼外勞朋友（是的，外勞也會用臉書，並且跟台灣人交朋友），臉書上有一則即時動態，讓我震驚不已！

這是印尼最大的民營電視台RCTI，在娛樂新聞的節目裡，介紹了最近在網路上爆紅的素人：艾斯瑪（Marya Isma），一位被平面媒體與各大網站，評為「天生金嗓」（*Bersuara Emas*）的網路女歌手。

幾個月前，艾斯瑪開始抱著吉他自彈自唱，並且將自己唱歌的影片錄影下來。沒想到影片上傳到YouTube之後，她清純的臉龐、羞澀的表情，配上天籟般的嗓音，立刻吸引了超過數十萬人的點閱率。很多網友都很好奇：這位來自中爪哇小鎮、包著頭巾的穆斯林少女，為何能夠唱出如此美妙的歌聲？

自從艾斯瑪將她演唱的印尼文與英文歌曲PO上網之後，就有些印尼網友開始將她唱歌的影片擷取下來，並透過「Sing! Karaoke by Smule」這款手機應用程式與艾斯瑪隔空對唱，再將自己與艾斯瑪合唱的影片回傳到YouTube。在科技力量的推波助瀾下，艾斯瑪於短時間內累積了數十萬的粉絲。到最後，連英國女歌手潔西J（Jessie J.）都看到了她的精湛表現，並且在YouTube上與艾斯瑪進行了一場英雌惜英雌、萬眾矚目的歌唱「對抗」。這場連結歐亞兩洲、橫跨換日線，超越種族、宗教與語言藩籬的精采對唱在YouTube播出後，點閱人次很快就超過了一百萬。

我稍微搜尋一下Google，立刻就看到了許許多多粉絲所上傳、與偶像艾斯瑪對唱的影片，以及在南韓、台灣、沙烏地阿拉伯等地的印尼外勞，自發性地穿上印有艾斯瑪姓名或頭像的T恤，在各地的景點前拍照、打卡，並且上傳臉書或其他網站，以示對偶像的支持。

關於艾斯瑪得各種資訊，多的不勝枚舉，看得我眼花撩亂。於是我直接找上她的臉書網頁，試圖加她好友。可惜系統很殘酷地顯示：「該用戶已無法再新增好友。」有趣的是，艾斯瑪似乎不知道她早就可以把臉書的權限，提升到「公眾人物」或「粉絲專頁」的等級，而不是像現在這樣，只有四千多名臉友的一般用戶，卻有十四萬人在追蹤的奇特現象。

看到這樣的天縱英才，讓我深深體會了吳宗憲當年發掘周杰倫的心情，我在內心的小劇場裡不斷嗆聲：「玉琳哥，我一定要簽下這個比許純美更紅的網路素人給你看！」於是我發揮了台灣人在世界盃期間的足球迷精神，以一日粉絲的身分，傳臉書訊息給艾斯瑪，大讚她的美妙歌聲與傑出成就，期盼能夠得到巨星的垂憐與回覆……

日子一天天過去，給艾斯瑪的訊息依舊石沉大海。怪不得她，誰能夠在十四萬粉絲的臉書訊息中，特別注意到一個只會用陳腔濫調來逢迎拍馬的阿宅呢？我失魂落魄地在我家樓下漫步，瞪著手機螢幕發呆，剛巧遇到了一個正扶著老阿嬤行走、幫忙做復健的印尼外勞友人。於是，我跟她聊起了艾斯瑪的事蹟：「*Mba*（印尼語對年輕女性的稱呼），妳知道在網路上爆紅、變成世界級名人的歌手Marya Isma嗎？」

「當然知道啊～她是我朋友，昨天才跟她碰面，我們每天也都會在臉書上聊天。」外勞友人回答。

「啊～太好了！妳現在馬上通知她，請她看我的訊息！」

我半哄半騙，押著外勞友人，立即用她的手機PO文。一旁的老阿嬤一臉錯愕，看著一個本來愁容滿面的阿宅，跟她的外勞嘰哩咕嚕講了一大串聽不懂的話之後，興奮地又叫又跳、揚長而去。

當天晚上，我就收到了艾斯瑪回覆的臉書訊息。她有著爪哇人一貫的謙虛、內斂，首先感謝我的讚美，接著提到她只是利用中午休息的時候，「打發時間」（*mengisis waktu*），唱唱歌、上上網；一切的成就，只歸因於她的一時好運。

「先別管好運了~妳聽過經紀人嗎?我可以幫妳辦演唱會,從小規模的開始。最終妳可以變成大明星、賺大錢……」

艾斯瑪沉默了。

當然,我也跟著沉默,心中想著是否因為「小規模的演唱會」,讓網路紅人不屑回應。

過了許久,艾斯瑪才給了我答覆。

「謝謝你的邀約。但是我要工作,沒有時間。如果我開演唱會,就沒人能照顧阿嬤了!」

「只要我能在網路上唱歌,大家能聽得到,我就已經很滿足了。還是很謝謝你!」

我被澆了一頭冷水,不禁暗自紅了眼眶;流下的幾滴男兒淚,不是因為被打槍而惱羞成怒,而是因為發現對方的高貴情操,再對比自己的自私自利,暗自感到慚愧。

讓我沒辦法成為沈玉琳第二的原因,不是艾斯瑪排到爆滿的演唱期程,也不是來自其他經紀人的爭相邀約，而是艾斯瑪對她自己工作的尊重，以及對老阿嬤的那份牽掛。而我，我只想到我自己。

各位看到這邊，已經猜到艾斯瑪的真實身分了嗎？

她是一位時常在大安森林公園推著輪椅、每天照顧台灣老阿嬤、沒有休假的印尼外勞。來台兩年期間、爆紅的之前與之後，風雨無阻，一貫如此。

她跟無數的女性移工一樣，只是想唱出自己的聲音，讓世界知道她們的存在。她以移工的身分開唱、以移工的身分爆紅，讓數以百萬計的印尼移工姊妹們，從此能夠替自己的身分感到驕傲！從一開始，就是遍布世界各地的移工姊妹們，透過網際網路與手機應用程式的力量，給了艾斯瑪支持，讓她能替移工發聲；如今，當她功成名就之際，像她這樣善良的小女孩，又怎麼忍心脫離移工的身分，捨棄這些一路支持她、幫助她的姊妹阿姨們，包括需要她照料、已經離不開她的台灣老奶奶呢？

直到現在，我還是時常看到我的移工朋友們，透過臉書，上傳她們在公園裡跟艾斯瑪的合照，或是艾斯瑪替台灣老阿嬤推著輪椅的身影。也正是她，讓我現在聽到某些台灣人對印尼移工的歧視性言語時，不會再暴跳如雷，反而開始同情這些種族歧視者的膚淺與無知：畢竟，全世界都已經聽到了她們的聲音，又有什麼必要去在乎一兩隻井底之蛙的酸言酸語？

感謝艾斯瑪的歌聲，讓我們不再只想到我們自己。

INDONESIA

23

台印一家親

俗話說：「民以食為天」。很多沒有去過印尼的台灣朋友（包括我的學生），前往印尼前最擔心的就是食物是否吃得慣？「印尼的食物是不是都很辣很辣啊？台灣人吃得慣嗎？」同學常常這樣問。

雖然說，何老師最喜歡主流印尼菜香辣、重口味的特色，然而印尼其實還有很多食物，光是聽名字，就知道是台灣人吃得慣的了！例如印尼的米粉（*bihun*；發音近似ㄅㄧ ㄏㄨㄣˋ）、粿條（*kwetiau*；發音為ㄍㄨㄟˇ ㄉㄧㄠˋ），聽起來跟閩南語幾乎一模一樣；另外，像是印尼的餛飩「*pangsit*」，發音也跟閩語的「扁食」相同。

此外，由於印尼人愛吃甜食，我也常鼓

勵台灣同學們到了當地，要多嚐嚐各式各樣的印尼「*kue*」……咦？不論是印尼傳統的千層糕（*kue lapis*），還是西式的生日蛋糕（*kue ulang tahun*），印尼文裡面的「糕」（*kue*）這個字，發音不就跟閩語的「粿」（ㄍㄨㄟˊ）幾乎一樣嗎？

很台語的印尼語日常單字

的確，就像四百年前的「唐山過台灣」那樣，早從中國的明朝開始（包括率領艦隊、帶著大批單身軍人下南洋的鄭和，以及部分留在當地結婚生子、開枝散葉的部屬），就陸陸續續有來自中國東南沿海、特別是閩南地區的移民，飄洋過海，移往今天印尼的爪哇、蘇門答臘、加里曼丹等地。這些先民日後慢慢同化為印尼人，而他們所帶來的各種食物、器具與生活文化，漸漸成為了印尼日常生活的一部分。此外，印尼人常戲稱自己的語言是「印尼沙拉語言」（*bahasa gado-gado*），以馬來文做為文法基礎（就像印尼沙拉 *gado-gado* 以花生醬做為醬底），再加上源自爪哇語、阿拉伯文、福建語、荷蘭文與英文的各種單字，共同攪和成我們今天所知道的印尼語，因此光是從很多印尼食物的名稱當中，就可以看到閩南先民遠道而來的蹤跡。

最明顯的例子，是印尼文「茶」（*teh*）這個字，就與台語的發音ㄉㄟˊ相同。另外，包括豆腐（tahu，發音為ㄉㄚˇㄏㄨˋ）、仙草（*cincau*，發音為ㄐㄧˇㄣㄗㄠˆ）、豆芽（tauge，發音為ㄉㄠˇㄍㄟˋ），乃至豆瓣醬（*tauco*，發音為ㄉㄠˇㄗㄡˆ，源自台語的「豆醬」兩字）等等，都讓台灣人聽起來倍感親切。

然而也有一些印尼食物，雖然源自於閩南語，但是已經與原意有一些落差，例如，印尼的平民美食——雞肉乾麵（*bakmi ayam*），其*bakmi*兩字源於閩南語的「肉麵」，但是卻不像台灣或閩南等地那樣，以豬絞肉（肉燥）來拌麵。印尼的粽子（*bacang*）與包子（*bakpao*）兩字，看得到*ba*／*bak*（閩南語「肉」的發音）的字首，就知道源自閩南語的肉粽與肉包；只不過印尼的粽子與包子不一定有肉，很多時候包的是素食的綠豆（*kacang hijau*）餡。而印尼的燒賣（*siomay*）雖然也是用蒸的，但是材料用的是魚漿，吃起來像台灣魚丸的口感。至於印尼的「肉圓」（*bakwan*）不但餡料裡面沒有肉，反而用了玉米、豆芽、胡蘿蔔、高麗菜絲等蔬菜，烹飪方式也是用油炸的，吃起來比較像日式的炸蔬菜甜不辣，跟我們印象中的台式肉圓有不小的落差。

除了食物，一些華裔印尼人所過的節慶所使用的名詞，也會讓台灣的讀者感到非常親切。例如說農曆過年要發的*angpao*，就跟台語的「紅包」（ㄤˇ ㄅㄠˋ）兩字一樣。而華人過的農曆新年，在印尼叫做*Imlek*（ㄧㄣˇ ㄌㄟˋ ㄍ），源自「陰曆」兩字；值得注意的是陰曆新年在印尼，是全國不分族群、通通放假的國定假日，這對一個華人只占不到二%的國家來說，真的是一種很尊重少數族群的表現。過完陰曆新年，要過元宵：元宵節在印尼叫做Capgome（ㄗㄚˇ ㄍㄡˇ ㄇㄟˇ）。我第一次聽到印尼文元宵節這個字的時候，還以為是什麼「炸粿梅」的音譯；稍微查了一下，才發現原來就是閩南語的「十五暝」，意指「農曆新年後的第十五個晚上」（我台語好爛～真心想去台南找龍介仙救援……）。

除此之外，就連與華裔習俗無關的印尼人日常生活，也看得到閩南移民的文化影響。例如印尼話的頂樓，就叫*loteng*（ㄌㄡˇ ㄉㄥˋ，源自「樓頂」），印尼話的小刀，就叫*pisau*（ㄅㄧˇ ㄙㄡˋ，源自「匕首」）。印尼的人力三輪車，叫做

becak（ㄅㄟˇ ㄗㄚˊ ㄎ），源自閩南語的「馬車」（ㄅㄟ ㄑㄧㄚ）；只不過印尼古代沒有產馬，只好用人力來拉車。還有啊～何老師小的時候，常聽到台灣同學用「落漆」（ㄌㄚˋ ㄘㄚˇ ㄊ）來嘲諷其他人「失常、出糗、遜掉了」的情況，而印尼話的「漆／油漆／染色」，都是用「cat」（ㄗㄚˇ ㄊ）這個字，發音相似，應該也是同一個根源。

在印尼潮到出水的台客

還有啊～印尼文裡面很多的日常稱謂，也聽得出跟閩南語的關係。例如印尼人日常的口語裡，常常用「*lu*」（ㄌㄨˋ）來代替

印尼的肉圓實際上比較類似炸蔬菜甜不辣。

「你」、「*gue*」（ㄍㄨㄟˋ）來代替「我」這兩個人稱代名詞；其實這些都是閩南語「你」（*li*；ㄌㄧˋ）、「我」（gua；ㄍㄨㄚˋ）等用詞的變音。話說印尼首都雅加達是一個開埠將近九百年的國際大都會；很多閩南先民當年在雅加達港口交易時的用字遣詞，慢慢成為雅加達方言（*Bahasa Betawi*）的一部分。等到雅加達成為印尼共和國的首都、最大都市，同時又是電視台群聚的媒體重鎮後，透過電視媒體的散播、流行文化的盛行，雅加達這些印尼天龍人所用的「*lu*」（你）、「*gue*」（我），逐漸變成了風行全國各地、潮男潮女們所慣用的流行用語。

話說二〇〇三年，台劇《流星花園》成為印尼有史以來收視率最高的連續劇（這不唬爛！而且這紀錄到二〇一九年尚未被打破），很多年輕印尼「F4粉」被圈粉之後，特地去找《流星花園》原音版（在印尼電視台播放的為印尼文配音版）的DVD來看。想不到一看之下、大失所望；潮男潮女們的偶像、道明寺與花澤類這些花美男，竟然沒有滿口「*lu*」「*gue*」「ㄌㄧˋ」「ㄍㄨㄚˋ」的，講話也沒有閩南語腔，一點都不潮、不台（想像一下台灣的余祥銓、孫安佐、李晶晶等喝過洋墨水的「ABC風格」名人網紅，突然不再滿口落英文，那迷哥迷妹們會有多難過啊～）!!幸好後來《台灣霹靂火》《夜市人生》等台劇銷入印尼市場，再加上了「台」到不行的、鄉民高呼不能亡的男子天團「五五六六」，御駕親征到印尼開演唱會，才稍微撫慰了這些印尼哈台男女們的玻璃心……

除了日常用語外，打開《印尼語大辭典》這本印尼教育文化部編修、全世界印尼語學習者奉為圭臬的辭典，裡面也有不少源自中文世界的人稱用詞。例如「*cukong*」（ㄗㄨˇ ㄍㄨㄥˋ）這個字，意指「有很多錢，而且準備很多資金，幫別人做生意的人」，顯然是源自閩南語的「主公」二字。然而，辭典裡面的「*cabo*」（ㄗㄚˇ ㄅㄡˋ）一詞，顯然是源自閩南語的「查某」（女人），應該是一個很客觀的名詞，但是《印尼語大辭典》裡的解釋，卻是「傷風敗俗的女人」「妓女」等等。怎麼會這樣呢？我猜想可能是當年飄洋過海、從唐山遠渡重洋到印尼的閩南「羅漢腳」先民們，船隻一抵達雅加達港口，就耐不住憋了好幾個月的欲火，在碼頭邊忍不住大聲嚷嚷、吵著要「開查某」。看著他們怒吼：「林北不是吃素的！」「我要打十個！」在地的印尼人只好趕緊發揮致中議員深入基層、苦幹實幹的精神，幫這些不「素」之客找到了他們要的「查某」。從此以後，「*cabo*」在印尼也成了妓女的代名詞、華人愛嫖妓的象徵。所以奉勸各位愛出國嫖妓的異性戀男士，就算不事先學幾句當地語言，也別那麼猴急；尋花問柳前還是多蒐集情報、做好事先該做的功課吧！

台灣水牛其實不太「台」

除了語言之外，印尼與台灣還有很多歷史上的共通處；最明顯的，就是台灣跟印尼，都曾經被荷蘭與日本殖民統治過。

例如在台灣早期農業裡，扮演不可或缺角色的台灣水牛，不但是台灣農村勞動力的象徵，現今每到選舉時刻，也常常被政治人物拿來代表（我這個）台灣人憨厚樸實、刻苦耐勞的精神。然而他們可能不知道：最早在台灣出現的一百多隻「台灣」水牛，其實是荷蘭殖民時期，由荷屬東印度公司從今天印尼的爪哇島引進，透過不斷的交配、繁殖，才看到我們今天眼中的台灣水牛。每當台灣政治人物為了爭取選票、自比為「替選民任勞任怨的台灣水牛」時，都很擔心他們這類「印尼同路牛」的言論，哪天被抓包、打臉，會遭到「台灣價值」滿滿的選民們所鄙視、唾棄。

而經歷了一九四二至四五年的日治時代後，印尼也跟台灣一樣，留下了許多日本統治的遺產與印記。例如印尼最基層的行政單位RW（*rukun warga*）與RT（*rukun tetangga*），其實分別對應台灣基層的「里」與「鄰」，都是當初日本殖民時，為了幫助基層民眾「守望相助」……ㄟ，好吧！其實是「互相監控」而設置的基層行政單位。大家應該都知道：在台灣日治時代的革命英雄羅福星，出生在印尼的巴達維亞（Batavia，也就是今天的雅加達），有中國客家、印尼與荷蘭血統。這位混血的新住民二代大英雄，參加過中國革命的黃花崗之役；在辛亥革命成功後，代表中國革命同盟會潛伏到台灣，試圖推翻日本殖民統治，最終於一九一三年的「苗栗事件」中，遭到日本殖民政府逮捕，壯烈成仁。

出生於印尼的台灣民族革命英雄羅福星；從其五官輪廓，可以明顯看出其中國、荷蘭、印尼等國混血的身分。

所以，在日本殖民統治印尼的這段期間，日本軍部一直很提防像羅福星這類立場親近中國等同盟國、反抗日本等軸心國的華裔人士，利用身分之便，潛伏到印尼鄉間，試圖顛覆日本的殖民統治；而里鄰長制度的建立，就是方便日本政府監控任何可疑的外來人士，避免顛覆殖民政權的行為發生。所以，任何印尼人家中若是要收容外地人士（尤其是外國人）過夜，都必須向里長與鄰長通報；一直到今天，儘管印尼已經進入了民主時代，這項制度依舊遺留了下來，並未改變。

日本留在台灣與印尼的，除了無形的制度，當然也包括了有形的建設。例如日本在爪哇島所建設的鐵路，採用的是與日本相同的三呎六吋、也就是一〇六七公釐的鐵軌距離；這也讓印尼與台灣一樣，成為目前世界上少數與日本相同，國營鐵路系統仍採用一〇六七公釐窄軌軌距*的國家。日本的鐵軌系統

＊所謂「窄軌」指稱的鐵軌距離，依照各國的不同，不一定是一〇六七公釐。通常只要是小於一四三五公釐「標準軌」（採用於大多數國家的火車系統，以及台北捷運與台灣高鐵）的軌距，都可稱之為窄軌。

品質穩定，直到現在依舊堪用。然而印尼的鐵路系統，也因此面臨著與台灣的台鐵早期同樣的問題，那就是：由於鐵路系統採用的是日本鐵路系統的軌距，因此大部分的火車／電聯車，都必須要跟日本購買。幸好，日本之前對於印尼這個小老弟也算照顧；早年我在雅加達所搭乘的通勤火車（kereta Commuter Indonesia），大多是日本半買半送的舊車廂；雖說是「舊」東西，但是因為日本人勤於保養、愛惜物品的特性，因此性能依舊相當不錯，足以肩負超過一千萬人口的大雅加達都會區，學生與上班族每日的通勤需求。

由於台灣與印尼，都以日本規格的火車／電聯車做為鐵路運輸的主力，因此二〇一七年，我國專門生產鐵路列車的「台灣車輛股份有限公司」，更與印尼國營的火車公司合作，在台灣製造、印尼組裝，共同打造出電聯車。有些人士對於台印雙方在基礎建設／重工業等領域的合作，抱持著不小的疑慮。然而我久在台中工作，很早就觀察到：印尼爪哇島當地的許多工廠，長期都仰賴台灣台中所輸出的工具機、車床，來維持產品的精良、產能的穩定；而印尼也是台中港的第一大進口來源國，畢竟台灣中部的火力發電廠，需要仰賴進口自印尼的煤礦與天然氣。換言之，台灣與印尼今日在產業上的互補，未來在輕、重工業等領域的合作，實在大有可為！

不是一家人，不進一家門

其實，除了在產業與經貿等領域外，台灣與印尼近幾年來在教育、文化等層面的合作，也是越來越密切。台灣跟印尼之間，能夠愈看愈對眼、變得日漸你儂我儂，或許跟歷史上的同文同種、系出同源有關。

話說四千多年前，作為南島民族發源地的台灣，一群熱血青年，雖然沒有妄想征服宇宙，但是也希望能夠「人出去、貨進來，南島發大財」。於是，他們分批從台灣出發，一路向南，航行在大海中，中途還經過今天的菲律賓與馬來西亞等地。其中一批人在茫茫大海上漂流許久，一直找不到陸地的蹤跡，正當他們開始絕望之際，突然……

「那是什麼（*Itu Apa*）？」有一位團員大聲喊著。

其他人轉頭一看，看見了一座綠意盎然的美麗小島；這座島上不但有植物、有果實，還有南海中最難能可貴的天然淡水！這座島嶼上的食物跟飲水，拯救了我們這些遠渡重洋的原住民先民。為了紀念這座不知名的小島，先民們就以看見這座島的時候所呼喊的第一句話：「*Itu Aba*」*（那是什麼？），替這個島命名。或許是命運的巧妙安排，數千年之後，這座曾經拯救過台灣先民的島嶼，竟然成為了中華民國的領土範圍，除了保有原本Itu Aba的外文島名，還多了一個「太平島」的中文名稱，肩負起替台灣的軍方鎮守南疆的重要任務……

至於其他從台灣出發的南島原住民青年們，最終抵達了今天印尼的加里曼丹與爪哇島等地，並且與當地的原住民，再加上來自印尼東邊、巴布亞等地的美拉尼西亞人混種之後，逐漸成為我們今天看到的印尼人樣貌。「印尼人的祖先源自台灣」是大多數的史學家、人類學家與語言學家，從台灣研究原住民與南島民族的眾多學者，到印尼最高學府——國立印尼大學的人類學系所普遍認可的觀點。由於台灣與印尼之間有這樣深厚的淵源，每當別人說我媽媽當年從印尼遠嫁到台灣，是「外來」的新移民，我心裡都會覺得：才不是呢！我媽到台灣，是在外漂泊的南島子民，「落葉歸根、回歸祖國」啦！

也因此，除了印尼人的外表特徵與台灣原住民及菲律賓人相似（只是皮膚稍微黝黑一點，因為印尼人與美拉尼西亞人混種的比例較高）之外，印尼人與我們台灣原住民在文字用詞上，也有非常多的相同之處。以台灣最大的原住民族阿美族為例，包括稱謂用語的「你」（kamu）、「我」（ako／aku）、「我們」（kami）、「咱們」（kita）、「哥哥姊姊」（kaka／kakak）、「這裡」（ini／sini）、「家」（loma／rumah），數字的「五」（lima）、「六」（enem／enam），動詞的「笑」（tawa）、「選擇」（pili／pilih）、「禁止」（lalang／larang）等等，都跟印尼語的對應用詞高度相似、甚至完全雷同。

另外，像是「石頭」（batu）、「剪刀」（gunting）、「孩子」（anak）等字，更是

＊印尼話的「那是什麼」，念作「以督阿把」，但是如果直接寫成「Itu Apa」，再用英文的發音方式去念，會念成「以督阿ㄆㄚ」，所以後人才把島的名字，從「Itu Apa」改成「Itu Aba」，以免失去原音的精準。

印尼、菲律賓，以及台灣多個原住民族的共同用語。不過這些用詞，都遠不及「mata」（眼睛）這個字來得重要、對台灣的影響來得深遠。例如，台南的大鎮「麻豆」，就是源自原住民的mata，取其地勢低窪凹陷，如同眼眶，再加上位處嘉南平原樞紐（眼睛）位置而得名。又例如專門幫原住民發聲的台灣原住民族資訊匯流平台「Mata Taiwan」，雖然說我初次看到這個網站的名稱，還誤以為是專門介紹印尼的網站，但是看了他們的簡介，確實也能體會台灣跟印尼等南島民族國家之間的緊密關係：

「Mata一詞……在全世界多數的南島語言裡，從臺灣的阿美語、達悟語、鄒語，到菲律賓語、馬來語、印尼語……均是表示眼睛之意。」

「Mata是世界人類的眼睛，讓全世界都能一窺臺灣南島文化的美；Mata是世界南島民族的眼睛，讓臺灣和世界南島民族一脈相承的血緣更凝聚！」

的確，當今的台灣，不但有著六萬名透過婚配，從印尼移居到台灣的新住民，也有著三十三萬的印尼籍移工，是台灣境內人數最龐大的外來人口。而在另一端的印尼，風行於當地的偶像台劇，在各大購物商場深受客戶喜愛、大排長龍的台式珍珠奶茶與炸雞排，也印證了台式流行文化在印尼的逐漸普及。就是因為看到了台印之間如此緊密的互動，才讓我萌生了撰寫這篇文章、乃至這整本書的初心，就是想讓大家知道：

不論是透過閩南先民的遷徙所串連起來的關係，還是與南島民族系出同源而相連起來的血脈，台灣與印尼間，比你原本所誤以為的，更加親密！

從台灣出發，南島民族一路遷徙到今天印尼的足跡。

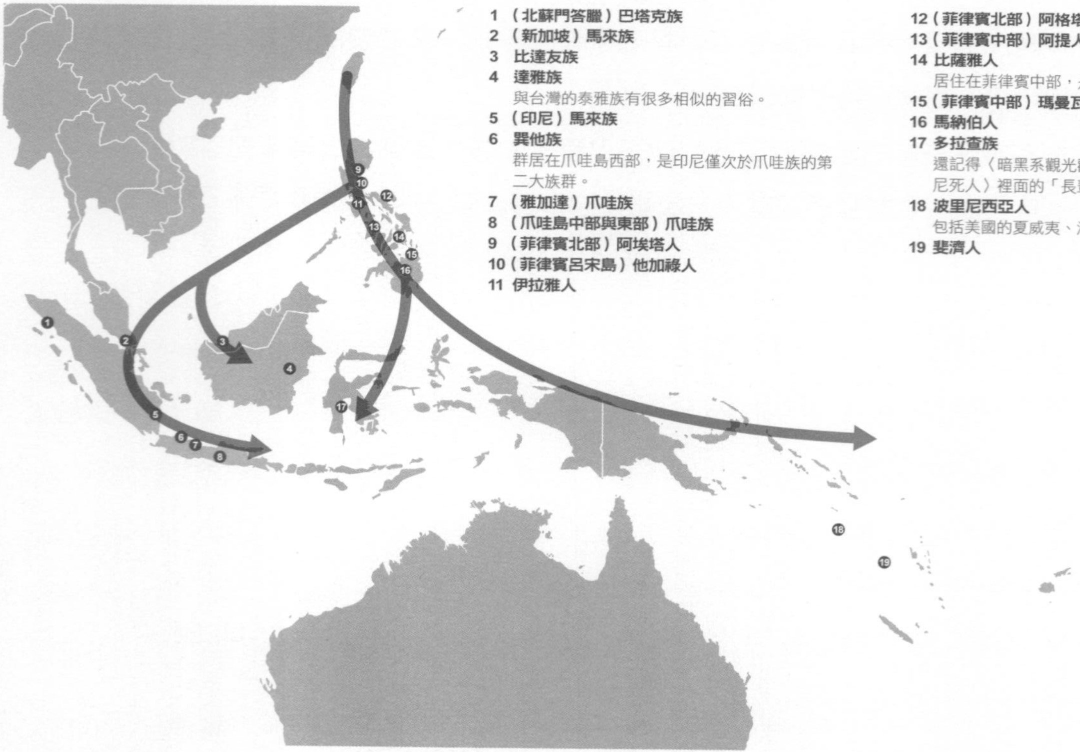
居住在菲律賓中部，是該國第一大族群。
還記得〈暗黑系觀光觀察：形形色色的可愛印尼死人〉裡面的「長輩圖」嗎？
包括美國的夏威夷、法國的屬地大溪地等等。

由以下資料來源重製：Chambers, Geoffrey K. and Edinur, Hisham A. 2015. “The Austronesian Diaspora: A Synthetic Total Evidence Model.” Global Journal of Anthropology Research,（2）, pp.53-65.
https://www.cosmosscholars.com/phms/index.php/gjar/article/viewFile/515/324

後記

感謝在印尼與台灣的你們

在本書最後一篇提到的〈台印一家親〉，是未來完成式，也是現在進行式。然而這樣一個美好的未來，是靠著很多印尼與台灣兩地的朋友們，持續且默默地努力，才能達到今天的規模。不論是為了我自己、為了這本書的出版，還是為了台印雙邊的友誼，都不應該吝於表達我的感激之意。

遙想二〇一四下半年，為了省錢，我離開了就讀五年的美國夏威夷大學，回到台灣，一邊在日式豬排店跑堂、洗碗、清水溝，一邊在圖書館撰寫我未完成的博士論文。到了二〇一五年初，就像大多數的博士生一樣，我蒐集了大半天的資料，分析出來的統計結果卻不盡人意；獎學金早已花完、面臨斷炊危機，博士論文卻整個卡關、毫無進展。當時的我，只想找人取暖、討拍，藉以保衛我這個小小魯蛇所僅存的玻璃心。

俗話說：「月是故鄉圓。」面臨人生低潮的我，毅然決然決定放下手邊的博士論文，回到我的第二故鄉去尋求親友的慰藉，也順便去印尼最高學府的國立印尼大學，完成我一直想完成的高階印尼文課程。

感謝我的二姊，幫我支付印大課程的學費，也感謝在印大文學院教導我的多位專業印尼文教師，包括努農（Nunung Nuryanti）女士、阿貢（Agung Prasetia）先生、阿里亞娜（Arliana）女士、阿布杜（Muhammad Abduh）先生，以及在教務處幫我克服註冊與簽證等難題的快樂（Happy Situmorang）小姐（如果忘記為什麼印尼很多「快樂女士」「快樂先生」的讀者，請回去翻閱本書〈唉唉呦呦，女I男O的印尼姓名學〉）。當然，我也要感謝在印大校園裡，跟我一起刻苦學習印尼文的同窗戰友，包括來自韓國的梁熙文（Yang Hee Mun）先生，以及來自日本的神田直子（Kanda Naoko）女士；想念你們陪我在印大校園販賣部裡，下課抽菸、喝咖啡、打嘴砲的快樂時光。

印大的課程結束後，我回到台灣。可能思念印尼，讓我開始對東南亞相關的藝文活動產生了興趣。在一個很偶然的機會下，我走訪了在新北市的「燦爛時光：東南亞主題書店」。在那裡，我認識了文化人張正與雜誌主編廖雲章，這對在台灣研究東南亞文化，並致力推動在台東南亞人士權益的神鵰俠侶。透過張正的介紹，讓我能有更多的機會，接觸在大台北地區的印尼移工團體，跟他們一起走上街頭、提出訴求，讓這群在台灣人數最龐大的異鄉人，有機會講出他們的心聲。至於廖雲章主編，則發現了我的好文采（我忘記廖主編怎麼知道我會寫文章了！可能是看我生得俊美，想必文筆也能跟著美），開始不定期地邀請我到他們的雜誌上投稿，撰寫跟印尼或在台移工、新住民與新二代有關的文章。

不知不覺，我從一貧如洗、前途茫茫的魯蛇，逐漸晉升為文化人與社運人士，也結交了不少志同道合的好朋友。看到這麼多人在關心東南亞、新住民與新二代，這麼多人持續地用行動促進台灣與印尼等東南亞國家間的關係，我又怎麼可以因為資料蒐集與分析上的小小瓶頸，就荒廢來日方長的學術生涯呢!?於是，我重新著手進行資料蒐集與訪談的工作，恢復撰寫我中斷已久的博士論文。或許是因為經歷了文化圈與社運界的歷練，讓我的眼界更為寬闊，更能從不同的角度來觀察問題。我開始換位思考，突破了原本我誤以為存在的研究瓶頸，順利完成了博士論文。於是，當我在補習班教授印尼文的課程告一個段落，領了鐘點費當作盤纏，準備前往美國，完成博士學業最後關頭的論文口試時。

「咦？老闆！這次的鐘點費怎麼多了好幾千塊？你是不是算錯了？」我一邊算著最後一次的鐘點費，一邊很疑惑地提問。

「景榮兄，我知道你很缺錢，也知道你飛回美國口試需要不少現金。這些多出來的金額，是資助你的旅費，也算是提前恭喜你拿到博士學位的禮金。」補習班老闆李三財這樣回答。來自香港的新住民李三財，在台灣的補教業靠著自己的努力，打出了屬於少數語種教學的一片天。我最終能夠拿到博士學位，當然要感謝他的雪中送炭！

取得學位後，我開始在台灣的多所大學兼課。我要感謝幫我撰寫推薦信，讓我取得工作、獲得溫飽的諸位學界先進，包括了我的政大同門師兄、暨南大學人社學院的陳佩修院長；中興大學的陳牧民教授、成功大學的蔣為文教授、正修科技大學的戴萬平教授、外貿協會的黃志芳董事長等等。感謝他們在東南亞與南亞國家相關研究上的引領，以及對我的提攜。飲水思源，我更應該感謝早年在政大讀研究所階段的恩師，包括了陳鴻瑜老師、吳德美老師與王振寰老師；沒有他們當年的支持與推薦，我不可能考得上台灣與美國的政府獎學金，完成出國留學的博士夢。

或許我的一些小小成就，足以鼓舞台灣四十萬左右的新住民家庭子女。因此，長期以來一直照顧新住民二代的財團法人賽珍珠基金會董事長尤英夫，毅然決然地推薦我，擔任二〇一六年的中華民國十大傑出青年。尤董事長對我的提攜，如師、如父，讓我感念至今！在當選十傑的公布記者會上，我的好姊妹、台灣第一位新住民立法委員，同時也是我十傑學姊的林麗蟬，竟然趁著立法院開會的空檔溜了出來，硬拉著在場的記者朋友，請他們務必要把「第一位當選十大傑出青年的新二代何景榮」寫進報導裡。有人說：政治是骯髒的，但是我在麗蟬身上看到的，卻是滿滿的人情味，以及用行動來提攜與照顧「新台灣之子」。政治其實不只是勾心鬥角，而是應該有更多的人情義理，不是嗎？

在學術與社運以外的人生，我依然有太多的人，需要感謝！例如中央社駐印尼雅加達的特派記者周永捷，印尼文說得比我還好的我國駐印尼外交官許偉麟；跟著兩位老大哥在印尼走跳，也讓我有機會認識更多在地的社會賢達、深接印尼的地氣。另外，我也要感謝《那些你未必知道的印尼》的作者賴珩佳（Jeniffer Lai）、臉書粉絲專頁「印尼望遠鏡」的作家吳英傑（Richard Wu），以及「印尼生活不NG」的版主Nina。我不在印尼的期間，仍舊關注這幾位台商作家所發布的最新資訊，再加上適時地向他們遠距離請益，來補充我對印尼新知的不足之處。如果沒有這幾位前輩先進的指點，讓本書的內容更趨近完美無瑕，光憑藉著我的帥氣臉龐，是不可能創造出如此的銷售佳績！

最後我要感謝的人，不是我媽，因為在本書開頭的前言已經感謝過了！況且我媽跟我一樣，最大的興趣不是看書，而是用印尼話道人長短、說人是非（詳見本書的序〈靠印尼脫魯的台灣囝仔〉），享受著「活該～誰叫你不跟我們學印尼話」的優越感。知母莫若子，我們就別再拿寫書的事情叨擾她老人家了！我要感謝的家人，包括了印尼文程度遠勝於我的大姊，她時常幫我訂正印尼文拼字與文法的錯誤之處；感謝在印尼事業有成、長袖善舞的二姊，總是能在我的研究或寫作出現疑問時，幫我找到關鍵性的人物或機構，協助我解決與印尼相關的種種難題。

最後的最後，我要感謝我的爸爸。自從他當年因為不會講印尼話，而跟我媽吵架吵輸了之後，從此在家中退居少數族群，承認印尼話在屋簷下的優勢地位。面對我媽在家中的印尼話霸權（當然還包括我的為虎作倀），我爸不但欣然接受，還鼓勵他的孩子們繼續跟媽媽講印尼話。「世界上沒有無用的語言。多學會一種話，總是好事！」我爸只是一個平凡的小人物，不懂得什麼高深的教育理論；然而，當他一路看著他兒子，靠著對母語的熟悉、對媽媽母國的認識，逐漸地脫魯，最終在台灣站上了十大傑出青年的頒獎台，他總算很驕傲地告訴他的兒子：他因為不會講印尼話而跟我媽吵架吵輸，真的是他人生中最成功、也最引以為傲的一場敗仗！

要感謝的人實在太多，那就謝天，也謝謝我在天上的爸爸吧！

Eurasian Publishing Group
圓神出版事業機構
用心與你對話・視野無限寬廣
先覺出版社
Prophet Press

www.booklife.com.tw reader@mail.eurasian.com.tw

看世界 006

上一堂很有事的印尼學：是隔壁的窮鄰居，還是東協的老大哥？

作　　者／何景榮
發 行 人／簡志忠
出 版 者／先覺出版股份有限公司
地　　址／台北市南京東路四段50號6樓之1
電　　話／（02）2579-6600・2579-8800・2570-3939
傳　　真／（02）2579-0338・2577-3220・2570-3636
總 編 輯／陳秋月
主　　編／李宛蓁
專案企劃／賴真真
責任編輯／林亞萱
校　　對／李宛蓁・林亞萱
美術編輯／林雅錚
行銷企畫／詹怡慧・黃惟儂
印務統籌／劉鳳剛・高榮祥
監　　印／高榮祥
排　　版／陳采淇
經 銷 商／叩應股份有限公司
郵撥帳號／18707239
法律顧問／圓神出版事業機構法律顧問　蕭雄淋律師
印　　刷／龍岡數位文化股份有限公司
2019年10月　初版

本書各章節未標示資料來源的其他照片出處如下：

①作者自攝：〈序〉、03（p.62、p.63、p.73）、05（p.84、p.85、p.87）、11（p.147）、12（p.161、p.162下）、17（p.238下3張）、18（p.244、p.252）、20（p.270、p271）、21（p.278、p.280）。

②達志影像：02（p.48、p.51、p.53）、03（p.65）、11（p.135、p.136）、12（p.157、p.162上、p.170）、13（p.175、p.178、p.179、p.180）、15（p.212）、17（p.235、p.236、p.237、p.238上）、18（p.245）、19（p.261、p.263、p.266）、20（p.273、p.274）、23（p.294）。

③維基百科：01（p.39）、02（p.55）、15（p.196、p.201）、23（p.298、p.306）。

定價 370 元　　ISBN 978-986-134-348-8

在想對印尼說三道四之前，我希望大家要先了解印尼「建國五原則」的第一條：至高無上的有神論。在印尼，宗教是神聖不可侵犯的底線，就像皇室之於泰國人；自由或資本主義之於美國人那樣（說錯了別怪我，雖然我在美國住過五年，但是也不敢保證我了解這個三億人口大國的立國基本原則。所以某些台灣鄉民可以在短時間內這麼了解兩億七千萬人口的印尼，我也只能說偉哉鄉民了！）。

——何景榮，《上一堂很有事的印尼學》

國家圖書館出版品預行編目資料

上一堂很有事的印尼學：是隔壁的窮鄰居，還是東協的老大哥？／
何景榮著. -- 初版. -- 臺北市：（看世界；006）
320 面；14.8×20.8公分
ISBN 978-986-134-348-8（平裝）
1.社會生活 2.文化 3.印尼

739.33　　108013798